我思

敢于运用你的理智

经典维新丛书，将以不同的视角来重新整理出版近代以来的经典学术论著，其出版思路可分为：

一、展现某学术著作的思想史或批评史，如胡适《说儒》第二部分“说儒前史”，熊十力《新唯识论（批评本）》；

二、梳理某种观念或学说的历史际遇，如《国学到底是什么》《阳明心学得失论》；

三、挖掘被当代学术界忽视的学术论著，如《汤用彤讲西方哲学》、马一浮《法数钩玄》；

四、选编反映某学术大家思想特质的文集，如《太虚讲国学哲学》《王国维哲学论著集》。

经典维新

心书 尊闻录

熊十力 著

长江出版传媒 | 崇文书局

图书在版编目（CIP）数据

心书；尊闻录 / 熊十力著.
-- 武汉：崇文书局，2020.8
（经典维新）
ISBN 978-7-5403-5995-9

Ⅰ. ①心…
Ⅱ. ①熊…
Ⅲ. ①熊十力（1884-1968）—哲学思想—文集
Ⅳ. ① B261.5-53

中国版本图书馆 CIP 数据核字（2020）第 110528 号

我思

敢于运用你的理智

心书 尊闻录

出　　品　崇文书局人文学术出版中心
策 划 人　吴海明（408249263@qq.com）
责任编辑　吴海明
装帧设计　杨　艳
出版发行　长江出版传媒 | 崇文书局
地　　址　武汉市雄楚大街 268 号 C 座 11 层
电　　话　(027)87680797　邮政编码　430070
印　　刷　武汉中科兴业印务有限公司
开　　本　880mm×1230mm　1/32
印　　张　4.75
字　　数　100 千字
版　　次　2020 年 8 月第 1 版
印　　次　2020 年 8 月第 1 次印刷
定　　价　32.00 元

（读者服务电话：027—87679738）

目　录

心书

熊子真《心书》序

蔡元培

黄冈熊子子真者，盖绩学笃行士也。丁戊之际，余创进德会于北京大学，熊子由远道贻书赞助，极声应气求之雅，余固已识熊子之志行所在矣。已而复以其笔札所遗，汇而录之曰《心书》者，邮寄相示。余开缄读之，愈以知熊子之所得者至深且远，而非时流之逐于物欲者比也。自改革以还，纲维既决，而神奸之窃弄政柄者，又复挟其利禄威刑之具，投人类之劣根性以煽诱之，于是乎廉耻道丧，而人禽遂几于杂糅。昔者顾亭林先生推原五胡之乱，归狱于魏操之提奖污行，而今乃什伯千万其魏操焉，其流毒宁有穷期耶？呜呼！履霜坚冰至，是真人心世道之殷忧矣。今觏熊子之学，贯通百家，融会儒佛。其究也，乃欲以老氏清净寡欲之旨，养其至大至刚之气。富哉言乎！遵斯道也以行，本淡泊明志之操，收宁静致远之效，庶几横流可挽，而大道亦无事乎他求矣。是则吾与熊子所为交资互勉，相期以为进德之阶梯者。其即以是编为息壤之誓言焉可也。七年十一月十五日蔡元培序。

自序

我生不辰，遘兹多难。殷忧切于苕华，惨痛兴于常棣。形骸半槁，待尽何年？耿耿孤心，谁堪告语？自惟先学，笔札极稀，又随手抛置，偶尔检存，得如乾首，实我生卅年心行所存，故曰《心书》。船山有言，唯此心常在天壤间，或有谅者。七年九月朔熊继智。

船山学自记

余少失怙，贫不能问学。年十三岁，登高而伤秋毫，时喟然叹曰：此秋毫始为茂草。春夏时，吸收水土空气诸成分，而油然滋荣者也。未几，零落为秋毫，刹那刹那，将秋毫且不可得，求其原质，亦复无有。三界诸有为相，皆可作如是观。顿悟万有皆幻。由是放荡形骸，妄骋淫佚，久之觉其烦恼，更进求安心立命之道。因悟幻不自有，必依于真。如无真者，觉幻是谁？泯此觉相，幻复何有？以有能觉，幻相斯起。此能觉者，是名真我。时则以情器为泡影，索真宰于寂灭，一念不生，虚空粉碎，以此为至道之归矣。既而猛然有省曰，果幻相为多事者，云何依真起幻？既依真起幻，云何断幻求真？幻如可断者，即不应起，起已可断者，断必复起。又舍幻有真者，是真幻不相干，云何求真？种种疑虑，莫获正解，以是身心无主，不得安稳。乃忽读《王船山遗书》，得悟道器一元，幽明一物。全道全器，原一诚而无幻；即幽即明，本一贯而何断？天在人，不遗人以同天；道在我，赖有我以凝道。斯乃衡阳之宝筏、洙泗之薪传也。《船山书》凡三百二十卷，学者或苦其浩瀚，未达旨归。余以暗昧，幸值斯文，嘉其启予，爰为纂缉，岁星一周，始告录成，遂名《船山学》，故记其因缘如此。

余曩治船山学，颇好之，近读余杭章先生《建立宗教论》，闻三性三无性义，益进讨竺坟，始知船山甚浅。然考《船山遗书》目录，有《相宗络索》《八识规矩颂赞》二书。自邓显鹤、曾国藩之伦，皆莫为刊行。诸为船山作传者，亦置弗道。吾臆船山晚年，或于佛学有所窥，陋儒或讳其书不传，未外知耳。丙辰夏子真识。

示韩浚

天字之义有四：以形气言，一也；如《诗》言“旻天”“昊天”是。以主宰言，二也；如《书》称福善祸淫之天，及《诗》所称“上帝”者，皆是。以虚无言，三也；如《中庸》末章所称“无声无臭”之天，是与第二义不同。盖一有人格，一无人格；一属宗教，一属哲学。以自然言，四也。如《易》言“天行健”，是今所谓天演也。四义中，后三皆本前一引伸之，而学术思想之变迁，亦于此可略识矣。《说文》：“天，巅也。至高在上，从一大也。”此言乎形气已。初民以苍苍戴吾之上者为大莫与京，能生能覆，故皈敬焉。古者，天子祭天。人智稍进，则于形气而求真宰，以钧陶万有为真宰之权能，故赞美曰天，而涵义较前迥异。又进，则知真理者“体物不遗”，《中庸》此语，独云真如遍为万法实体。而了无名相，故《中庸》以“无声无臭”形容之。虽亦名天，其义特妙，无神说也。《中庸》言鬼神曰“如在其上”云云，如在者，无在无不在，盖即斯比诺沙之泛神说。泛神犹无神耳。无神，则无作者。故究形气者，进言自然，遂赞天行之健。“君子自强不息”，以人持天也。挽近天演说张，形气之秘机愈泄，斯以自然言天者贵矣。夫始制天字，用表至高在上之苍穹耳，浸假则引伸为真宰之名，又引伸为虚无真理之目，又引伸为自然之谓。至于后二义，于形上形下之故，渐有发明。然佛明因缘，则自然又成戏论；佛说唯心，与此云无神，精粗迥别也。

张纯一存稾序

张君仲如，少治儒术，尚任侠。清末失政，与潜江刘敬菴，假武昌圣公会为日知会，谋革命。因是交基督徒，探其教义，痛士习民风之敝，以为革政不如革心。中国，数千年儒教之国也。儒术为世主所喜，遂屈老墨而成一尊，以其言政教合一，干禄之学、功利之说争相缘附，役斯民于权利之壑。儒者虽讳言利，而为利者易讬焉，《易》曰："崇高莫大乎富贵。"孟轲言有为贫之仕，又云，仲尼三月无君，皇皇如也。虽言匪一端，义各有当，然此等处最易为人假借，故人亦乐奉儒教。老曰："人不婚宦，情欲减半。"墨翟自苦救人，皆不若儒术便人之私，故为儒所抑，而吾国人乃终溺利禄中也。故言教者宜无与政。儒者若管宁、王船山其行至清，乃别派也。至今洪流横决，其祸滔天。故仲如以革心在革教，遂逃儒归耶，匿迹沪渎，不复与党人政客往还矣。是时风气未开，士大夫最鄙教侣。仲加幼补文学，老生夙器重之，至是乃为人所唾，而仲如不顾也。余曩与仲如论礼，仲如曰："儒者言礼，纲维人己，经纬万端，善已。然严天泽之分，其弊也，上专下窳，景教无差等，章太炎谓神教不平等，然独尊一神者，于神之下实皆平等也。屈己为群，寅亮天工，故莫不得所。耶稣自谓非以役人乃役于人，端以服役利他为训，此耶教精神也。华盛顿服膺耶教者，微时常见一乳鸟失所哀鸣，即择木栖鸟，凡三徙之，待其不鸣乃止。旁有嘲之曰，若为鸟之仆乎？华盛顿曰："我则安能？唯上帝能为万物之仆耳，吾其勉为人类之仆耶？"观此则美之共和奠于华氏，非偶然已。故耶教屈己利物之精神，非儒家所及也。夫亲本始，薄形骸，肖所生，厚同类，净严心土，光曜世界者，礼之意也，则吾景尊所尚矣。"又曰："不以礼应物者，是先不以礼自处；不以礼自处者，是亡其所自也。"余既然其说，仲如复旁搜博探，默契元妙，颇融贯佛说，以发明《新约》义趣。常曰："上帝即一真法界，祈祷具戒定等义。自修自证，绝佞媚之劣情。即心即神，泯自他之妄执。"其会心于耶氏者深哉！余廿年严惮之友，以仲如与同县刘通子通为最。子通天资卓绝，仲如践履笃实，皆余所不逮。然仲如之学，于子通为近，独余向异其趣。近乃多同，常欲共席研摩，卒格于事势。茫茫大地，契心几人？并此寥寥者亦复难聚，惟有撑拳赤脚，独往独来于天地间而已。今夏，余自粤返里，道沪，过仲如。益感当世之变，而叹仲如之归依宗教为知本也。比荷仲如以《存藁》见示，颇切实高明，而与子通往还诸牍尤为精要。以期能明基督之道，有裨世教人心，故易其名曰"谈道书"。急纵臾付梓，并序仲如生平，以告读是书者。七年夏五熊继智序。

复张君

承询断证，依实教说，单刀直入。《大疏》云："照惑无本，即是智体；照体无自，即是证如。"谓迷时说惑，悟时说智。惑体智体，无二体故。故知妄惑性空，全是智体。即此智体，从缘无性。无性之性，全是真如。又即寂之照，曰智；即照之寂，曰如。寂照双融，如智一体。实教断证，大意如是。要惟上根，乃得契入。外道与佛之关系散见诸经论中，继智牵于人事，未遑博考，良亦自愧。然余杭《大乘佛教缘起考》所征论，可谓扼要。钞疏如别，试览之。

大乘胜义，在先立如来藏识，非在先立法身。藏识是佛之因，法身是佛之果。因既成立，果乃可知。而此藏识之名，本由小乘无我，数论神我，相较而成究竟一乘。《实性论》第三云："一切外道，执着色等非真实事，以为有我。而彼外道取着我相，无如是我相虚妄颠倒。一切时无我，以是义故。说言如来如实知一切法无我，到第一彼岸，而如来无彼我，无我相，何以故？以一切时，如实见知，不虚妄故，非颠倒故。此以何义？以即无我，名为有我，即无我者，无彼外道虚妄神我；名有我者，如来有彼得自在我。”今寻佛在世时，与数论师出入最数。若专立无我者，现见世人，皆证有我。而说为无，即有世间相违之过，非建立藏识，其能服数论之心耶？故知如来藏、阿赖耶识诸宗，原惟佛说也。又如胜论建立极微，有地、水、火、风、空、时、方、我、意九种。而佛家小乘，如有部经亦皆建立极微，以说四大，但不说空、时、方、我、意五者亦有极微耳。若佛说止此，则胜论犹今梨布涅知辈，说心物皆有原子。佛说如理化诸师，说实质方有原子，二者固无以相过也，非建立法空真如，亦何以钳胜论之口耶？故知双破二执，原唯佛说也。又如《吠陀》之说，以人为梵天所生。《路歌夜多论》（即顺世外道），说鹅之白色，鹦鹉绿色，孔雀杂色，皆自然生，我亦如是（见《金七十论》）。佛说既破自然，又破作者，而立因果钩锁之说。然作者易破，自然难破，因果相追，必有无穷之过。若建立一因为始，更无他因者，即与自然说同。非说万法因迷而起，复何以难彼也？故知“三界唯心”，原惟佛说也。（真按：佛说何以胜外道而为了义谈，此处急须参透。）

日知会王刘余何朱诸传

谨案：民国元年，今大总统黎公，时以副总统领鄂都督事。于是年冬，特设武昌日知会调查纪录所，创修《日知会志》。以孙武、蔡济民、季雨霖主所务，余亦兼编辑。搜集未竟，迄于癸丑，而南北战事起，余退耕田里，日知会调查纪录所亦无形消灭，集稿散佚矣。案：日知会始名科学补习所，则发起于清光绪甲辰夏，至乙巳四月改组为日知会。势遂大，自是会员多有东渡或散布各省者。海外同盟会成于乙巳之秋，其中要人，多出日知会。如宋渔父，其最著也。当是时，日知会与同盟会内外策应。迄于丙午，日知会破坏，而会员继起，分设共进会、文学社，再接再厉，故辛亥武昌一呼，光复旧物，非偶然已。日知会诸子，多不羁之才。而王汉、刘敬菴、余仲勉、何见田、朱元成皆天资过人，立身有本末。诸子但为未及古人，自一时之隽也。而敬菴尤卓荦，乃皆以年少遭惨变，不得竟其学，展其才，惜哉！余自弱冠与诸子相从忧患，昔尝论次其行事，以为之传，癸丑散佚，今不可忆。又年来心事恶劣，学殖荒落。兹为诸子传，盖十不得仿佛其一二，聊以备国史之采云尔。

王汉，字竹菴，湖北圻水人。父兄皆名诸生。汉生而岐嶷秀茁，习儒术，年十六，通五经义，诗文多伤时语。喜读兵书及豪侠传，购剑自舞，人或以痴诋之。曾受学同县何焜阁司马。焜阁故受学于同县熊光大孝廉，治姚江学，辄纵谈时事，导诸生厉实行，救国危。汉闻之，瞿然有清世志。居无何莅鄂，改名潮，字怒涛。时潜江刘敬菴、黄冈何见田、江陵朱元成聚鄂谋革命，均交汉，就汉决事。汉沈毅，少大言，诸人颇以此重之。桃源胡瑛，年少有机智，汉一见大悦，倾肝胆与交，常教瑛敦道义，厉志节。瑛语人曰："汉诚迂士，然缓急可恃也。"未几，清差铁良搜括东南财赋。汉叹曰："东南民力竭矣！"一日谓其妇曰："吾有老母，将以累君。"妇不解所谓。汉阴伺铁良于鄂，图枪毙之。既而以鄂距家近，恐累母及兄，遂令胡瑛与俱，尾铁良后，行至河南彰德府，铁良易车肩与，乃急趋前击之，不中，又击之，又不中。卫兵追捕亟，汉反奔，知不免，引枪自毙。年二十三。胡瑛出其尸藁葬彰德城外。事在清光绪三十一年正月。初，何焜阁尝语汉以《大易》需时义。汉拂然曰："人各需时，奈何？《需》之彖曰'利涉大川'，大川险也，唯涉险可以济天下之险。"焜阁无以难之。汉往刺铁良，婚才数月。汉就义月余，刘敬菴、何见田等组织日知会于武昌。又数月，吴樾刺清五大臣。又二年，徐锡麟刺清安徽巡抚恩铭。又七年，武昌起义。民国成，时人寖莫能言汉死事状。民国元年，熊子真上其事于黎副总统，其潜德始表而出之。

刘敬菴，名贞一，又名大雄，以字行，湖北潜江人。明经淇之子也。兄弟四，敬菴最长，母金氏爱之逾于诸子。幼随父读，颖悟善记，书过目辄不忘。性沉静无哗，喜坐小楼静读，寒暑不辍，非膳不下。夜辄凝神危坐，如老僧入定，父母以为倦，促之寝，应曰："非倦也，特敛心默识耳。"识者知其非常人也。稍长，窥中原多故，志在澄清，投鄂军为兵士。值今大总统黎公治军，识敬菴，拔入记室，敬菴卒去之，闲居访求豪俊。清光绪甲辰夏，王汉、何见田、宋教仁、余仲勉、朱元成等，先后聚鄂谋革命。敬菴一见深相结，遂设科学补习所为党人机关。会黄兴、刘揆一聚党设华兴会于长沙，拟乘是年清后寿期举义。鄂党曾派员赴湘联络，期发于湘，响应于鄂。九月，湘事泄，诛及于鄂。武昌知府梁鼎芬，由是封禁补习所，诸同志亡走。明年春，王汉刺清阅兵大臣铁良，不中，死。敬菴愤甚，乃与同志复立日知会于武昌，军人学子多入会，每开会演说，敬菴至诚恻怛，声泪俱下，环听者常数百人。数月，党势益炽，日知会支部林立。丙午，清廷调南北军会操河洛。同志以是机可乘，议发难。敬菴以时机未至，力戒暴动。激烈派群起非难，至欲杀之，敬菴不为动，务以新书报散布军民，以道德勖同志。是年冬，萍乡矿夫为争工资畔，党人暗操纵之，势遂大。清谕湘鄂会兵痛剿，并诏捕党人急。湖北巡警道冯启钧，为功赏索仇党人，未常一日忘日知会也。至是以东京留学生郭尧阶侦探，知敬菴为党首，将逮敬菴。敬菴闻之曰："我不入地狱，谁入地狱。"不肯避。某生谏曰："公奈何轻一身，不为后图乎！"彊之走，将抵黄陂，为虏骑追获。未几，朱元成、张难先、殷勤道、吴保春、李亚东、胡瑛、季雨霖以次逮狱，时名捕者尚百余人。初萍乡举事时，有刘家运者，指挥徒众，抗清军甚力。启钧以敬菴即家运，请于总督，将置之死。敬菴曾入圣公会充信徒，某教士因美公使，为之宽于清外部及湖广总督，得末减，然卒不获释。辛亥五月十八日，幽死于狱，年三十余岁。敬菴终身不娶，不肉食，恬淡异常。少治六经佛老诸子学，通晓大义。后皈依耶教，力穷其奥。平生践履笃实，立必齐足，坐必平身，行必端步，律己严，待人爱敬。非讲道，言语不诸口。事不适意，怒不形于色。视害己者无怨心，且以其无知而悯之。有病者，则为之祈祷。尝曰："凡人意思行为，须时加检点，必本信心而行。吾于时时事事，形形色色，无不亲眼见得上帝。"其体道深切如此。敬菴在狱，囚徒多感化。一日狱收一犯。凶恶甚，咸不敢近，狱吏尤惮之，移与敬菴处，和易过他囚。敬菴智勇深沉，能任重致远，在鄂苦心经营，无赫赫之功，人思慕焉。民国元年，黎副总统请追赠敬菴大勋位，召其家属厚恤之。

余仲勉，号简斋，湖北麻城人。幼有异禀，从兄敬堂受学于余浩吾昆弟，略识周秦学术源流。少长，读明末诸子书，慕船山、梨洲之风，慨然有继述志。会清那拉后临制，亲贵擅柄，民生日瘁，国势日蹙，仲勉益愤，乃挟书游长江上下，阴求豪侠之士，首事改革。甲辰夏，同刘敬菴、何见田设科学补习所于鄂。语在敬菴传。是秋，驰赴日本，规设中国留学生会，从粤人某，学制炸弹及放射术，改字剑侪。乙巳秋，见孙文于东京，纵谈时局，多中肯要，遂策成同盟会，聚党徒数千人，风动中外。孙文大奇之，以湖北党务委。未几，清廷授意于日本政府，颁布取缔留学生规则，陈天华愤懑投海死。天华者，仲勉石交也，欲与俱殉，友人责以后事，乃已。寻与王博沙回沪，创设中国公学，为收集党人地。复入鄂，通日知会，谋益亟。时日知会附设学校及武昌翻译学校，皆党人机关，以仲勉掌教职。仲勉痛刺时事，无所避，诸生闻感泣下。丙午秋，萍乡举义，仲勉与刘敬菴、朱元成、何见田、胡瑛等，谋为桴鼓应，而军资无出。适益阳李某佐职来鄂，因沔阳郭尧阶入党，言六合锑矿公司，存款可挹注。仲勉遂约同志，往汉口某纸厂，订立合同。事甫就，为尧阶所闻。尧阶故留学东京，好冶游，私赴某纸厂，取其款，惧同志弗容，阴泄其事于清巡警道冯启钧。启钧委之为侦探队长，转导捕党人。刘敬菴、朱元成、张难先、胡瑛等皆逮狱。仲勉令其妻善事敬菴母，而阴欲招死士轰炸官署，出敬菴等于狱，事未就，而声益张。仲勉叔子敦，友人孙楷臣、彭华卿、屈竞存，乃促仲勉暂避地，行抵沪，入公学。公学，党人麇集地也。诸同志以湖北事败疑仲勉。适某君窃视其日记，疑尽释，遂推为公学干事。明年春，清南洋大臣端方，侦得情实，悬五千元购其头。仲勉疾走日本。时中国留东者尚万人，卒涂饰征逐，仲勉独岸然不随流俗为转移，因改名诚，字季穆，一意孤行，不复事交游矣。诸同志争引重，举为湖北同盟分会会长。仲勉恒言当世人心风俗败坏，上无礼，下无学，贼民兴，必丧。以故忧时甚深，与人言，辄涕泗呜咽。及遭党禁，漂零岛国，又以不得事父为忧，后以疾笃归国。易箦时，犹口诵《道德经》，言某字疑误，遣人索书于余祖言，及祖言持书至，已气绝矣。卒年二十有六，无子。仲勉为人，志行坚苦，其学泛滥百家，而以老氏为归。于并时人，独尊余杭章炳麟太炎。弱冠举于乡，后悔之。既卒二年，武昌起义，同志哀思不已。初仲勉家中落，同县曾耀先时时资之。耀先者，血性好义士也，有《死书》数卷。先仲勉卒。

何见田，又名自新，字季达，湖北黄冈人。豁达不羁，或呼为醉侠。少丧父，母邱氏督之严。颖悟过人，读书善自发新解。年十余岁，补博士弟子员。叔父质夫，令就学于圻水何焜阁，讲求义理经世之学。时满清那拉后擅制，政乱民流，国土日削。见田读梨洲《原君》，因谓治道贵振民权，任自由，而嫉宋儒误以尊君解《春秋》。遂与蕲水王汉、同县熊子真之伦，为新学会，日聚年少高谈，非尧舜，薄周孔，无所避，诸学究目为中魔。居无何，游鄂，西上荆湘，入巴蜀，遍交其地侠客力士。逾年返鄂，与刘敬菴图改革，密定进行方略。一曰以武昌为根据，二曰提倡民气，三曰运动军队，四曰组织机关。议既定，大集同志，设日知会于武昌高家巷，声势几震东南。时孙文亦成同盟会于东京，使吴崑导法人欧吉罗，赴鄂联合。其后武昌能以一隅肇造民国者，多日知会力也。清光绪三十二年冬，萍乡举事不成，大兴党狱。虏名捕见田，掠其家。见田与熊子真俱走江右，出没德安、建昌间，角巾野服，自号卢江道人。见田故多病，及遭党禁，奋志为学，愈益甚。数年，归卒于黄冈，年二十九。民国元年，熊子真、詹大悲、胡瑛，合词请于黎副总统，以见田从祀武昌烈士祠。

朱元成，号松坪，字子龙，湖北江陵人。父墨香，以学行重于乡。元成幼丧父母，祖母抚之成立，事祖母以孝闻。为学务实用，精舆地算术，治史志，识兴废，嫉异族如仇雠。弱冠游鄂，与王汉、刘敬菴、何见田图光复，先后设科学补习所、日知会于鄂。同志议运动军队，元成独抗声曰："不入虎穴，焉得虎子。"遂入工程营为兵。工程营者，鄂督张之洞所创建，号为新军者也。同志皆谓元成壮士，诸军自此多义士矣。乙巳冬，驰赴日本，联合同盟会。其明年，萍乡事起，孙文令元成与胡瑛返鄂，谋起兵应之。事泄逮狱。当被逮时，湖北巡警道冯启钧、武昌知府梁鼎芬，召对狱簿，元成供认不讳，冯梁处之酷刑。丁未三月，竟死于狱。或谓冯启钧阴鸩之。其族侄友英，含殓归葬。元成为人敦厚寡言，勇于任事。卒年三十二。

某报序言

报章者，国民喉舌之司，所以监督政府，指导社会，责任重矣。故其议论时事，则有《春秋》之志焉。太史公曰："《春秋》以道名分，名者所以正物。"世之衰也，庶物凌乱，各逾其轨，而成攘夺戕杀之局。名正，则分定，物得其所，而莫不发舒，斯文明矣。仲尼救卫之乱，先以正名，《春秋》志也。正名之要，莫大乎明是非。《春秋》寓褒贬，别善恶，而乱贼惧，致世太平，有以也。世之乱，先乱其是非。前清之世，朝廷无是非，而草野有之；小人无是非，而君子有之。故乱矣，而未至于极也。民国以来，上无道揆，下无法守，朝不信道，工不信度，君子犯义，小人犯刑，上无礼，下无学，贼民兴，上下交征利，不夺不餍，是故上下之间，无是非可言。然而彼亦一是非，此亦一是非矣。嗜欲之熏蒸，害气之充周，视眩而听荧，曹好而党恶，图私利，忘大祸，修小怨，结繁冤，一夫唱之，万夫和之，不崇朝，而喧阗流沔，溢于四海，恶业既滋，不可瘳矣。载胥及溺，何是非足云。常谓谈吾国今日事，当如佛祖说法，随说随扫，不立一说。民国五年之间，各种制度、各种人物，无一不经试验，而无一可加然否。自三五以降，吾国之不道，而至于无是非，未有如今日，故乱极而不知反也。夫吾国变乱所成，原因复杂，勿论其他，而士大夫业报纸者，淆乱是非，实为戎首。以朋党之实，冒政党之名。入主出奴，则爱憎成乎心；利用势力，则得失昏其智。师成心者，偏执不反；智昏者，怙恶不悛。偏执长忿，怙恶流毒。黑白不分，搏击快意，习为挑拨，工于饰伪，流言孔章，而无在不与国民真意相反。虽托于舆论，群情固莫之许，贞士目以横议，而阴鸷之流、卑鄙之夫，反有以受报纸之责言为快意者矣。至此，而后举国上下，敢于为非，即有一二自爱不甘为非者，而以在漩涡之中，四周压力所迫，欲不为非而不得矣。至此，而后举国无是非可言也。抑至此，而或有一二独秉真心者，欲有所言，则言未发而祸已至矣。呜呼恫哉！吾辈试静坐凝目而思，自世变以来，业新闻者之造孽于国，当不在枭桀与悍帅之下矣。或曰，今之世，众狙朝三暮四，群非而无一是，即欲断以《春秋》之法，将何所施？曰恶，是何言。夫群力交推，众流汇集，屈伸相报，胜负迭乘，而随时皆有可精之义、可执之中，故曰赜而不可乱也。其在乘权处势者，有见于此，而择善固执，足以立臻荡平。否则士大夫主持清议，甄别淑慝，亦可以作社会之气，而夺奸盗之魄，故曰："不知《春秋》，前有谗而不见，后有贼而不知。"言是非不可不辨也。本报将持斯志，以与国人扬摧之。

复吴贯因（癸丑）

孔学末流，诚如来谕。默观时事，正未得安枕也。自古仁智之流，拨乱反治，一本于大经之正。正经何？正其心，而曲尽万物之理，需众志之孚，以定国是，使元气昭苏，沉疴自愈。故曰“经正，则庶民兴”也。今之执政，不学无术，私心独断，以逆流为治，以武力剥削为能，欲玩天下于掌上，其祸败可立俟。颇闻时贤委蛇其侧，纵别具深心，窃恐转入漩涡。吴康齐之诗曰：“伫看风急天寒夜，谁是当门定脚人。”足下之明，当能察此。河山修阻，觌面未期，翘首燕云，曷胜惆怅！

与某参谋

忆昔江干释甲，俱隐故山，虽诗兴室远之嗟，而彼此过从，犹相慰藉。“远览并峰头立马，阙疑同月下论文。”妙景豪情，堪回溯也。近维大乱甫定，政局更新。弟壮志未销，爰览上都之胜；吾兄应贤藩弓召，亦暂憩都门。三千里外，旧雨欣逢。“舞剑惜中原风景，投壶数天下英雄。”结怀尽吐，乐可知也。所恨飘萍偶聚，顿唱离歌。兄命驾以出关，弟驱车而返里。昔年袍泽，今日参商。白云在天，瞻望何及。辱承厚爱，宜竭鄙怀。黑省接壤强邻，神州屏翰，外交内治，无往非艰。毕公扬历三边，勋勤懋著，龙江开府，实作长城。吾兄既受明知，勉图报效。赵充国之硕画，端在屯田；程不识之治军，唯资严谨。勿疏小故而动邻交，无虚边地而为敌有。卑无高论，或取于斯。明知高明之见，必越寻常；聊尽献曝之忱，无忘私谊。关山辽阔，临颖神驰。

贺然圭传

贺然圭，黄冈人也。少读《论孟》，解大义。遭兵乱穷困，遂废儒业，治稼穑。终身南亩，智与业精，习与神会，观天之时，察地之利，尽物之性，播种唯宜，壅溉尽适，以是所收常倍他农。竟数年，起家素封矣。或叩其术，然圭曰："吾有术乎哉！吾志定神一，用力不纷。故阴阳寒暑，高下燥湿，百谷所宜，莫不察也。顺物自然，物莫不阜也。吾何术焉？"君子曰："然圭学稼也，而进乎道矣。"

答李君

示及是非无据，所见甚卓。挽世唯物之说胜，功利之习炽，又值东西学说，汇流交错，互相冲突，人心靡所依止，妄动以赴竞争之壑。争必有所托，故仁义托于五伯，文明人道讬于今日竞争残酷之群雄，孰与正其是非哉？昔孟轲、庄周，并生战国。庄周悯物论之纷纭，作《齐物论》；孟轲拒邪说，其学以知言养气为归。而齐物者，一往平等之谈，非独等视有情，无所优劣。唯其名相双遣，斯分别自除；染净都忘，故一真不立；能所之情既泯，是非之辨不生。绝伪讬之门，断纷争之本，所谓元同者也。世无大觉，邪孽竞煽，元谈不可以应机，则知言而不淆于众窍，养气而不靡于横流，亦足尚焉，然非小知之所喻矣。孟子悯战国之驰功利而引于物，故直指心性以立教，乃至悟澈万物皆备之真我，已近七识境界矣。当时功利权谋之术，污浊之风，孟氏独力矫之。必如孟氏而后可谓知言养气也。

问津学会启

黄州府治西北八十里，今黄冈县孔夫子河地，有碑石，文曰：“孔子使子路问津处。”元初掘土得之。宋遗老龙仁夫先生，即其地建夫子庙，复廓为书院，名曰问津。岁时会文，集圻、黄人士，讲学于其中，此问津书院之所由来也。圻、黄之地，襟江控淮，于江汉为屏藩。尝自为风气，民物殷实。其士大夫好为高深之思，自得精华，不事枝叶。遇衰世，则侠义文学之士，奋然而兴，以独立不惧，遁世无闷相高尚，古称光、黄之间多异人，有由然矣。夫古今言哲理者，最精莫如佛，而教外别传之旨，尤为卓绝。自达摩东度，宗风独盛于蕲、黄。蕲水三祖、三祖灿得法后驻锡蕲水之清泉寺，见《黄州府志》。蕲春四祖、黄梅五祖，迭相授受，独成中国之佛学。黄梅传慧能、神秀，遂衣被南北，永为后世利赖。有明心学兴。姚江一派阳儒阴释，既不自居于释，毕竟不可谓儒，故称为心学。黄冈郭氏、善甫先生为阳明高弟，阳明尝延为其子师，而《明儒学案》不载，盖先生不务声誉故也。黄安耿氏、圻春顾氏，并为荆楚大师。儒家者流，则梅先生长公之焕，甄先生锦石淑，均以劲节立衰朝。而甄先生劾权阉，忤东林党，江夏熊公之死，叶向高、邹元標之徒实主之。逞意气之私，而不恤人亡国瘁，船山所以诋王学末流为妖孽也。甄公以救江夏罢官，遂终身不出。尤内守深沉，绝无当世气矜之习。杜于皇先生，志节坚苦，诗文本诸血性，以遗老为东南学者所宗。于皇弟苍略、子杜和尚，皆才奇而行晦。和尚走西南，密谋举义不就，饮恨以终。王子云、官抚宸、顾黄公、熊渭公，博学高节，亦于皇流亚。清虏入中夏二百余年，楚人不忘国耻，于皇诸老之赐也。清世，曹本荣、刘子壮之伦，以肤学事虏，风义始凌替。然非明之故臣，又持躬廉让，比于今之媚势取权者犹贤。其余笃行畸节之士，与夫著书立说者，志乘多有之。《明史》有传者，已五十余人，即此可见其盛。尚考先贤学术，宗趣互殊，各有独到。如五音辐辏，异曲同工，八宝庄严，仙佛齐现，亦可谓大观矣。今夫天日月星辰书夜迭运，大地山川草木，众象森罗，唯其并育并行，所以不相悖害。学派之纷歧，亦若是焉已耳。自清虏严讲学结社之禁，而学术式微。楚士又好为一意孤行，不近标榜，蕲、黄尤甚。故先哲流风，亦以莫为显扬而日就澌灭。前贤之遗泽即斩，后嗣之趋向益迷。世变以来，士大夫乃有以不健全之思想，妄逞其无等之欲，邪孽竞煽，害气充塞，将使先人文化，随国土俱溃。而楚士之汩流扬波，哺糟啜醨者，亦所在皆是。此可为痛哭者也。

丁巳春，问津书院理事某君，怵世变之方殷，仰先贤之遗范，拟就书院设学会，即以问津名之，期于发皇旧德，保存国粹，挽回叔季之颓流，傥所谓“风雨如晦，鸡鸣不已”者欤。议既成，不鄙不学，而属启于继智。继智以为近世学者之患，皆物为之累，而气不自振；奸生于心，而诐辞以祸世。邦人君子，傥返求诸先哲，由诸祖以证唯心胜义，而不滞于物；上溯诸儒气节文章之盛，而求无愧于先；慎独而可示于众，乐群而不私于己；日渐月渍，成为风气，世乱其有瘳乎？是故略述前徽而为之启。

外舅传晓榛先生与玉蔼庭丈，属为此启，然学会尚未成也，姑存此文。子真识。

记梁君说鲁滂博士之学说

顷见梁漱溟引法博士鲁滂之说，比合佛旨，融相入性，科学家执心外有物，庶开其蔽尔。按鲁君说："以太涡动，形成原子，非物质之以太，能变成岩石钢铁。力与物质，同一物而异其形式。质力非不灭者，质力之相续灭，则归于万物第一体不可思议之以太。"此其大旨也。梁君说其义曰："所谓第一本体不可思议之以太者，略当佛之如来藏或阿赖耶。《起信论》云：'不生不灭，与生灭和合，非一非异，能摄一切法，生一切法者也。'鲁君所获虽精，不能如佛穷了。以太涡动，形成原子，而成此世界。此涡动，即所谓忽然念起，何由而动，菩萨不能尽究。故鲁君亦莫能知，莫能言也。世有问无明何自来者，此涡动，便是无明。其何自，则非所得言。涡动不离以太，无明不离真心；涡动形成世界，心生种种法生。然虽成世界，犹是以太，故《起信论》云：'是心从本已来，自性清净。而有无明，为无明所染，有其染心。虽有染心，而常恒不变。'又云：'因无明风动，心与无明，俱无形相，不相舍离。而心非动性，无明灭，相续则灭。'此相续，即质力不灭之律。然涡动失，则质力随灭。真按：证以此方《大易》之言，即所谓易不可见，而乾坤熄。易以变易为义，即鲁云涡动。故无明灭，相续则灭也。然所言灭者，唯心相灭，非心体灭。如风依水，而存动相，若水灭者，则风相断绝，无所依止。以水不灭，风相相续。唯风灭故，动相随灭，非是水灭。《起信论》。盖灭者，谓质力之相续灭，而消归于以太，非以太灭。《楞严》云：‘如水成冰，冰还成水。’《般若》云：‘色即是空，空即是色。’色谓质碍，即此之物质。唯鲁君亦曰：‘非物质之以太，能变成岩石钢铁。’真按：万法当体真实，山河全露法身。又曰：‘力与物质，同一物而异其形式。’《楞严》正脉疏云：‘权外多计性为空理，而不知内有空色相融。’又云：‘深谈如来藏中，浑涵未发，色空融一如此。’鲁君亦可谓能深谈者矣。”

与张素武

书至，适在纷扰中，比覆，未知作何语，甚悔甚悔。大论以肉体不死立宗，极善。然所据以为断者，乃谓肉体变化于宇宙间，有聚散，无消灭，论者所征，神气离合聚散，我、物无常等。故无死，此犹张载、王夫之之旧说耳。船山宗张子，以物之生死，由太虚理气浑然之实体变动而有聚散，聚而生物，散则物死，大化周流不已，然能化与所化只是一体，故船山曰："不是阴阳五行之外别有个天。"其说为主动，与近世博格森之旨略近，非善读者不能得之，以其言皆散见也。如若所云，肉体既聚散无常，岂无常之物而可谓不死？请更论之。死之定义，依佛家小乘，说五蕴灭坏为死。肉体唯是色蕴，今之所论，即此色蕴可灭与否，经云："是法住法位，世间相常住。"《肇论》云："事各性住于一世。"则色蕴不灭明矣。寻夫事相常住之旨，岂谓相灭，而有实体不灭哉？又岂灭已还起他相，故不灭哉？夫惟全理成事，事事皆真，当体常住，非于事外求理，故即相以见不灭尔。试即色蕴为征，譬如一人，昔为朱颜，今成白首，以今望昔，可说朱颜为已灭不？不也。何以故？今对昔有故，如无昔者，则无有今。昔既不无，朱颜自住在昔，亦犹白首自住在今，同不灭故。以今望后，白首住今，亦复如是。故通三世为一际，一切物常住，无起亦无灭。仲尼曰："回也见新，交臂非故。"新故之云，顺俗为言，意明凡物互相依住。《华严》无尽缘起义，宜细参。交臂之喻，见无起灭微朕也。一切法无起灭，色法恶有灭？是故说言肉体不死。

钩王

儒者尚法治，独推王船山。案其言预定奕世之规，置天子于有无之外，以虚静统天下。《读通鉴论》《晋论》。远西虚君共和之治，此先发之矣。值世网密，微辞以见意，思深哉。船山处异族专制之下，不敢倡言民主，而思想实及之。船山固东方之孟德斯鸠也。黄宗羲《明夷待访录》，非其伦已。

读孟子

子舆论政，重教养，贵民。当时列强对内行武断政策，对外持侵略主义，故孟氏提倡民权。以学者为社会之中坚，而惧夫生心害政。故游说横议，诸持浅薄之论及挟异端者，皆与之力辩。以公孙衍、张仪为妾妇之道，谓“善战者服上刑”，又以杨墨为禽兽，唯攻墨为过。识卓哉！当乱世，阅历人事至深，斯言之切也。

罪言

国有乱人，而奸雄乘之；国有武夫纵横，而游士倚之。游士分两种：甲、政客之挟阴谋以利用军人者，乙、非政客谓军幕食客僚佐是也。必亡无疑也。道国之经，曰正德、利用、厚生，相其民以自求多福。乱人兴，武夫逞，则国之经制破坏，民被祸而国危矣。然乱人躁动，武夫恃血气，均少远虑。救之不患无道。有奸雄出，刈夷乱人，有如云之游士，凭依方镇，然后国亡不可救。何也？奸雄游士，皆纵一己之欲壑，不惜以民生国命为殉，倍甚乱人武夫也。奸雄操术深，应机捷，利用人类之劣根性，威劫利饵以便自恣；游士无恒心，吸拒纵横阴阳喜怒之变，百出不穷。二者交乘，名义任其所托而名亡，法律随其所援而法坏。名亡，则是非泯；法坏，则利害昏。熏染所及，相率为盗贼、为妖孽，尚谁与立国哉？是故范晔黜奸雄，而孟轲贱游说之士。

读陆贽《请还田绪所寄撰碑文马绢状》

陆敬舆事庸猜之主，值藩镇数叛，卒能绥靖。虽执政未久，唐室赖以弗倾，贤者固不可测哉。及读《请还田绪所寄撰碑文马绢状》，然后知其驭世之经也。案《状》曰："田承嗣阻兵犯命，靡恶不为，竟逭天诛。田绪尚干宸严，请颂遗爱。臣备位台辅，未能涤除奸慝，而又饰其愧词，以赞凶德，纳彼重赂，以袭贪风，情所未安，事难固强。"又曰："仲尼修《春秋》而乱贼惧，褒贬苟明，亦足助理。"观此，则敬舆所以绥难者可知已。自昔武人跋扈，靡不亡国。何者？狼子野心，各拥方镇而握兵符，大者连衡，小者合纵，剥朘兆庶，蓄育爪牙，一旦兴戎，元黄遍地。势敌则负隅，情激则卖国。凶猘之性，宁有顾忌哉？然此辈率起自臧获盗贼，非有智计过人，遇衰世凭傅以兴。在朝执政与为表里，士大夫相依以得志，赞襄策画，彼始有轻天下之志，而敢于横行尔。倘社会有健全之舆论，政府无奸回为内援，自有以消凶暴之气。而生其是非之心，则纠纠之夫，皆国家干城之倚，又何患耶？如敬舆待田绪，碑文不轻假，绢马不苟受，静而自正，刚而无欲。使犷悍之徒，知名义不可犯，士大夫不可亵，则欲自恣不得也，故敬舆驭世之经在是矣。后世乃有上下并援武人以肆志，自速其国之亡，有识者所为痛心也。

思曾

曾涤生诵法程朱，以书生奋起立功名，味止足之戒，勇退自全，而国民之蒙其福利者亦至矣。涤生起自乡团，用使湘军之威，南逾岭表，北度沙漠，收束为难，兹可想见。然事平遣散，将士帖服，唯其平日自矢忠贞，急公义，遗私利，将士熏陶有素，故能消积威于俄顷，化兵气为祥符，非偶然也。使涤生怙权私利于上，其下相畔援，则武人纵横，民亦劳止，国之亡也忽诸。李少荃提挈淮军，递嬗为北洋派，以是知涤生远矣。蔡松坡功盖天下，观所著《曾胡治兵语录》，抑取法乎上也。世人以曾胡戴满清为病，然尔时民族民权诸义未明，无怪其然也，其为人自可法。

诸葛武侯《出师表》书后

王船山谓刘备忮刻，专任亲故；武侯侵淫申韩术，治蜀不务教养。人之云亡，邦国殄瘁。呜呼！船山之论允矣。余观武侯《出师表》曰：“鞠躬尽瘁，死而后已。”其辞哀惋，亦自知身死国与俱殄尔。

熊持危传

熊持危，字海澄，湖北黄冈人。少负志略，年十余岁，从军奉天，入学讲武堂。毕业，调赴山西，任新军尉。辛亥武昌光复，持危首事响应，攻娘子关下之。时各省独立，省界甚严，持危不得志于晋，还鄂任第一师副官。元年八月，鄂军马队变，持危助平之，都督黎公即命收拾残余，领其众。二年春，鄂军悉遣散，持危失职。是秋，南北难事底定，袁世凯以汤芗铭为湖南都督，持危往依之，就职都督府三等副官。四年冬，世凯叛国，称皇帝，改元洪宪。云南出师讨贼，各省志士集上海，议分道起兵。蔡济民中将，奉孙中山密令规湖北，熊持中佐之。持中，持危兄也。以为图鄂宜先定湘，密电持危问计。持危遣使赴沪，密道北军困于战地，省城空虚，同志义愤可用。约期，属持中赴湘学事，持中以筹饷愆期，持危恚甚。其党阴泄谋于芗铭，芗铭召持危对狱，直认不讳。芗铭不欲杀之，军法课长某持之力，遂处枪毙。妇张氏闻之自缢，湘人哀愤。五年十二月，持中赴湘，以持危张氏遗骨，归葬于黄州赤壁上首聚宝山。湘督谭延恺以其遗像入祀长沙烈士祠。

张翊辰、李专遗事

三世之事，信而有征，如羊祜之识金镮、崔咸之征墨志，事载本传，宁皆诬妄。挽近麻城有张翊辰次常，李专静甫，并能追忆往事。言前世俱圻州医士张某子，专为兄，翊辰则弟也。兄弟同日患痘死，兄年十岁，弟仅八岁。死时，俱灵魂从头脑破裂出，立释肉体苦痛。顷之，不忍父母恸，复撞头脑入，又出，乃不可入。兄弟阴依其母，母弗觉。数年，俱之麻城，兄先投生李氏，是为专；弟后专生三年，投生张氏，是为翊辰。翊辰伯父文藻，清选拔贡生。李氏延为专师，文藻携翊辰偕就学。翊辰时年八九岁，专年十二三，两儿故未一面，骤见呼兄弟，痛哭相持抱不解。两家父母争怪诧，固问之，翊辰、专俱云云。专叔父久春好奇，遂率专、翊辰，同访圻州张氏。张夫妇俱存，专、翊辰直前呼父母，以次识其家旧时器具，张夫妇大骇。久春为具道所以，乃泣下沾襟。张夫妇后生一子，久春属与专、翊辰结为兄弟，俱就其家教之。圻州张氏子，后为邑诸生，专光绪壬午科举人，翊辰光绪乙酉科选拔贡生，后官河南商城知县，民国初，犹健在。翊辰与余妻祖傅雨卿学正，同纂修《黄州府志》，屡自言其事。专在时，吾家太晶孝廉识之，亦云然。此事见闻极确，故记之。他所闻尚多。以非耳目亲及，不敢载也。按《八识颂》曰："受熏持种根身器，去后来先作主公。"是投胎不自产时也。内典说"产时投生者为夺胎生"云。颜之推曰："形体虽死，精神犹存。人生在世，望于后身，似不相属，及其没后，则与前身，似犹老少朝夕耳。凡夫蒙蔽，不见未来，故言彼生与今，非一体也。若有天眼，鉴其念念随灭，生生不断，岂可不怖畏耶？"无生居士言："学佛者当自信轮回始，此处信不及，则佛之教义全盘推翻。"月霞比丘亦云然。蒋智由观云尝谓："佛氏既言轮回，又明无我，无我则谁为轮回之主体？"不知《八识颂》明言"去后来先作主公"矣！余杭章先生则谓："唯其无我，所以轮回。"此义甚深，学者宜细参之。真理不明，人心靡所皈依。世变愈亟，人欲横流，不知为自作自受，良可悼惘。近者，伍秩庸先生尝自述与幽灵交通事，盖非诬妄之谈。余恐世人信心未牢，故记张翊辰、李专事为劝诱耳。

马让三传

马让三，名云翼，以字行，黄冈人也。为学以坚苦剋励为宗。少时便弃举业，治博物算术。家贫，讲树畜，耐勤劳，致数千金。尝曰：“儒者不问家人生产作业，故尚空谈，逐禄利，游手交构，而天下之祸日亟。”识者叹为至言，自奉俭约，布衣大袖，粝饭菜蔬自甘。岁时盘飧食客，品数有限，然甚雅洁。居恒滑稽混俗，独临义利之界，严峻不苟。民国初元，始开选举，党人挟巨金购票，诸选民怀票争致金钱。让三愤曰：“民意没于利，共和其危乎！”遂拒金裂票去。其行事多类此。伤世乱，亢怀嘉遁，推迹楚风之变自张之洞，恒语人曰：“吾楚明季以丰功伟节动天下，江夏熊公、江陵张公、应山杨公、天门胡石庄先生，其著也。清初，孝感熊赐履，始以伪学事虏，风谊少衰。挽近南皮督鄂，宏奖学校，短于核实。诸华士剽窃新闻，揣摩风气，禄利征逐自此厉，楚其不竞矣！”常欲论次乡先贤，为旧德传，亡何染疾，以戊午八月卒，年四十九。

熊子真曰：让三父某，笃行君子也，尝命让三从余先君其相文学游。适文学公下世，让三以不逮事为恨，始交余伯兄仲甫。交谊之笃，有古人风。犹忆先母高太夫人病疫，亲族不敢至，让三省视，累日不忍去。及卒，为治丧，夜与余兄弟宿太夫人殡前。数日始去，竟不染疫。余兄弟贫不聊生，清季流寓江西德安，垦荒自给，让三驰念切至。壬癸以来，伯兄、六弟强、五弟刚，相继卒。让三闻而哭，又以书解余痛，然凄惨不可卒读，反益余痛。夫势交利合者，相缔以猥贱，势穷利尽，则反眼不相识。唯相契于不可知之地，饥渴疾痛，常相关而出于不觉，有时絮匕话家故，无不尽之情，乃真朋友之乐尔。让三不幸短命死，余既自伤孤零。又悼古谊沦丧，故备书所感，以质世之君子。

忧问

问曰，吾国自胜清道咸以降，恒有新旧二派，然二派思潮，皆应世界潮流以递变，终非画若鸿沟。所谓新派者，其始言洋务而已，浸假则言立宪，又进言革命与民主共和，至此而止矣。所谓旧派者，始唾弃洋务，继且力仿新政，清末各督抚皆以新政自粉饰。进而预备立宪，改革后，密唱虚君共和，亦至此而止矣。夫二派思潮所止，或则民主共和，或则虚君共和。名义固殊，究实言之，真能行虚君共和，即民主共和，抑何不可？二派所持，非甚相远，然而相争以成大乱，何哉？夫《易》之为道，趣时应变，而以仁义立本。《易》曰："立天之道曰阴与阳，立人之道曰仁与义。"动而无本，蔑不倾矣。孟子悯战国，欲正人心而道仁义，诚知本也。凡争起于利害不齐，仁以平物我之情，义以如彼此之分，则齐其不齐而争泯。失义亡分，则不齐，失仁纵情，则穷于齐，乃相争以大乱。今吾国人浸淫满清污俗，利禄荡其廉耻，而自私自利之习成。登庸滥，而侥幸之风长；专锢久，而智昏。为新为旧，同怵于外人，而貌袭以相应，实无改其贪贼险诈浊乱荒淫之心理。灵台既蔽，一切学说，皆逢恶之媒，一切政法，皆济奸之具。灭绝仁义，自胡清已然矣。迄于民国，而伟人之淫纵，袁氏之盗窃，藩镇之骄戾，率天下以不仁不义，淫情轶分。利独，而众不齐；众不齐，将无独利，此其时矣。是故吾国今日之乱，不缘新旧思潮异趣，仁义绝而人理亡，国无与立也。今欲明仁义之本，又群诋为迂阔，无以遏邪说暴行而挽其横流，吾国吾种，其终亡灭乎！抑尚有他道以救之也。

草此稿竟，或曰，共和国体，毕竟与吾国历史不合，故不利于行尔。曰，何为其然，尚考春秋之世，社会恒有中坚人物，主清议而持国政。如仲尼讥季氏伐颛臾；史不载鲁伐颛臾事，或因仲尼之言终止。郑商人弦高秦师。则当时学者与实业家，各能发挥其能力，以赞国事矣。又春秋贵人人有士君子之行，诛奸雄而退英雄，英雄者，务揣摩时势，鼓舞群情而急功利者也，常导一世于狂迷。如今世列强，竭脂膏以扩军备，弃生命于沙场，其始实由少数英雄之徒，鼓吹竞争，遂成时行，转生误会，乃构此大祸尔。大抵众生因迷惑而有生，英雄如幻师作幻术。圣人相物之宜，去泰去甚，而为于无为，则非英雄所知矣。英雄者，社会之不祥物也。英雄不死，斗诈不止。使人人有自知、自立、自由、自重之精神，则无有尸英雄之名者矣。《春秋》志太平，不奖英雄，桓、文、管、赵，皆被讥焉。若奸雄，则乱贼是也，《春秋》诛之。奸雄与英雄之辨，他日当论之耳。纯持民本主义。秦汉以下，领土大，而政府干涉之范围狭，教育实业诸要政，任民间自为，蔚然称盛，其自营之力，诚有足多。彼以共和为不合吾国历史者，岂非妄自菲薄哉！特自宋明以来，国人渐失其固有之长，明太祖作法于凉，终明世上无礼下无学，吾国衰亡之因，种于明者尤多。满清则摧残益甚。今日之乱，犹胡清余孽尔。子真识。

至言

政治根柢在社会，社会良恶，著见风俗。故先王观风以知治，《免置》《汉广》，周用崛兴，《青矜》《溱洧》，郑始式微，其征验不爽也。后世于诗之外有小说，益能曲尽社会情伪，可增征验。友人鄂城刘伯垂芬言："读《儒林外史》而知清世士习之可丑，其衰宜矣。"余夏间游沪，过书肆，偶思购汪容甫《述学》，遍索不可得，唯见列肆尽诲淫诲盗之小说尔，斯可恫矣。门人燕添溟耻，因言，近来诗人多习为淫辞艳语，亦妖征也。道家之术，盛于西汉，承战国暴秦之后，栖神淡泊，养其清刚，故汉时国力最澎张，其治近古，有明效矣。汉初，道家者流，于上有萧何、曹参、张良、文帝，于下有黄石公、即圯下老人，子房之师，世称黄石公。四皓、子房能为惠帝致四皓，盖同为道家故也。案，《子房传》谓吕泽曰："公诚能无爱金玉璧帛，令太子为书，卑辞安车，因使辩士固请宜来。"夫四人者，高帝所不能致，岂爱金玉，又岂辩士所能说？金玉也，辩士也，子房必别有用意处。或以安排使令与驰说之徒，使朝野震惊于四皓之为太子来，以悚高帝之听耳。盖公之伦。司马谈父子，亦希踪柱史，此其略可征者也。自武帝董仲舒出，始定一尊于儒，而毒流后世。武帝有材勇，不学，武功资民力，固前人所涵育尔。仲舒迂怪，其细已甚，不足道，然其衣钵不绝于今，何哉？

昔儒颂东汉名节，清季党人益张之，差有其风。戊戌政变，谭康诸子喋血，同盟会兴，益踔厉敢死矣。虽然，尚名无本，其病气矜，下流乃无拳无勇，职为乱阶，此所以有今日也。昔者宣圣盖忧名教，特于《易》言精义入神；孟子以集义养浩然之气，立本焉尔。然名义本世间观待道理，何以故？依义立名，亦依名诠义故。是以义可以名假也，义可假，则非本甚明。其惟元圣，亡名，小仁义，体清净，冥极无为。即不动真体。尚已，由其道，下者亦能强固神志。故西汉尚黄老，任侠往往在民间。高帝雄猜慑于四皓，而不敢易储，其时民气之盛可见。哀平之变，则张禹贱儒开其先也。权德舆言，亡西京者张禹，亡东京者胡广。东汉党锢诸公，名节虽若可称，然考《抱朴子》所征论，其末流浊乱滋甚。《抱朴子·外篇·汉过篇》曰："历览前载，逮乎近代，俗微道敝，莫剧汉末也。"此虽多斥奄尹。然又云："懒看文书望弋空名者，谓之业大志高；结党合誉行与口违者，谓之以文会友。"斯则讥党锢诸公矣。又云："闻之汉末诸无行，背叛礼教而纵肆邪僻，讪毁真正，中伤非党，口习丑言，身行敝事。凡所云为使人不忍论也。"故不百年而胡祸兴。清季士大夫以挂名党籍为荣，蹈死不悔，然试深迹其瑕眚，则校《抱朴子》所以刺汉者，有过之无不及。袁氏因得乘其敝而夷之，祸乱乃无宁日，哀哉！察其所以，盖叔世学绝道丧，诸党魁初兴，又尝为一切破坏之说，往往以爱国美名，作士大夫敢死之气，即所谓名节也。其流为无拳无勇而阶乱，则非始愿所及。无深根宁极之道，而以名义鼓人，恶得不如此哉！今者乱极，不可别美恶好丑，故名穷。名穷宜返本，夫惟载其清净，休乎无为之宅，自本自根，可行已信。庄子语，郭注云："行者信己可得行也。"憨山云："日用皆真体流行，信有真实之体可信。"遗名归真，合气于神，则乱不自生。至精不可以被物，持戒而镇之以朴。自顷绍兴蔡先生之北京大学进德会，案进德会之等第。甲种会员不嫖、不赌、不娶妾；乙种会员于前三戒外，加不作官吏，不作议员二戒；丙种会员于前五戒外，又加不吸烟、不饮酒、不食肉三戒。为道日损，足以胜物，养其清刚，毋为乱阶，庶几老氏之遗矣。

迩者余杭章先生尝曰："鄙人自处，唯欲振起姚江学派，以挽今世颓靡巽懦之习。"丁巳夏与民友会书。迹先生行谊，固佛之侠者，何取托于姚江哉？近人颂明季节义，归功姚江者，盖祖黄宗羲。宗羲学行，固不逮衡阳远甚。衡阳尝痛心于明季士大夫，以气矜亡国，力诋姚江，其说实非过激。王守仁有术智，未能忘功名，而以圣自居。此即我执为无穷祸根。故其党多气矜，观挽世予圣之士，其偏执妄逞，何尝不诵法姚江也。要之挽明士风近季汉，今不可取则。

箴名士

自六朝以降，始有所谓名士者。迄于唐宋，而韩愈、元稹、白居易、苏轼兄弟，并以文采风流倾动朝野，声施后世，吸其流者不绝。惟衡阳之圣，痛中夏覆亡，推迹士习之坏自名士，而于二苏、元、白之伦，攻之不遗余力。案其言曰："此辈类皆酒肉以溺其志，嬉游以荡其情，服饰玩好书画以丧其守。凡此非得美官厚利，则不足以厌其所欲。而精魄既摇，廉耻遂泯，方且号于人以为清流之津径。而轻薄淫佚之士，乐依之以标榜为名士。如此而能自树立，以为国之桢干、民之荫藉者，万不得一。文章之用，以显道义之殊涂，宣生人之情理。简则虽喻，重则增疑。故工文之士，必务推荡宛折，畅快宣通，而后可以感人。于是游逸其心于四维上下古今巨细，随触而引伸。一如其不容已之藏，乃为当世之所不能舍，则苏轼所谓行云流水，初无定质者是也。始则覃其心以达其言，既则即其言以生其心。而淫佚浮曼矜夸傲僻之气，日引月趋，以入于酒肉嬉游服饰玩好书画之中。而必争名竞利，以求快其欲。抑且博览六籍，诡遇先圣之绪说，以济其辨。则陈民情，策国事，皆其所可。沉酣以入，痛快以出，堂堂乎言之，若

《伊训》《说命》《七月》《东山》之可与颉颃矣。今之打电报著政论者，鲜不如此。乃有道者，沉潜以推致其隐，则立心之无恒，用情之不正。皆可即其述古昔称先王之中，察见其诐淫。况其滥于邪说、侈于游冶者，尤不待终篇，而知其为羊膻蚁智之妄人哉!”船山之责名士如此，可谓洞见症结。乃至今谬种流传，士大夫相率为浮华浅薄，淫佚流荡，而无精湛之思、淡泊之操，此言学言治之所以终于无幸也。夫名者实之宾，救名之敝莫如实。古者大学造士，始教以格物，尚征验而有条贯，故其言中伦而行中虑。实学废，文辞兴，然后有名士，足以顾宁人耻之也。

跋

右子真《心书》一卷，文辞简约，独抒精华，讽世情深，质直而忠厚。识者谓其立言有宗，过《潜夫论》，盖不阿也。余窃怪子真年少从军，谋毙某帅，几罹不测，辛亥参鄂军府，义气激昂，似非能沉潜于学问思索中者，今所造竟若此。观其貌，讷讷不能言，岂所谓孤怀独往者哉！子真近流寓匡庐西麓，题壁有“数荆湖过客，濂溪而后我重来”句，可以想见其襟怀矣。七年十二月八日丁去病谨跋。

尊闻录

序

张立民

《尊闻录》者，吾友高君赞非所记黄冈熊先生语也。赞非游于师门者最久，而年事亦最少，每于先生平居谈话，必细心领会，而辄私窃记之。积之既久，盖不期而有十万余言。其志学之笃，用心之深，同门未有及之者也。自丙寅已来，先生脑病忽厉，背脊且虚，心情焦苦殊甚。赞非尊人磵庄先生，深以先生未及著述为惧，辄欲将赞非所记先生语，亟付梓人。盖以为先生平日所言，虽多为初学而发，固未尽其蕴蓄于万一，然善观者，察曲而见全，闻一而得十，迹迩而会远，则先生规模宏阔，神解卓特，不轻于信，不轻于疑，不蔽于先人，不摇于外来，不依于天，不依于地，不依于古，不依于今，入乎佛而出乎佛，同情乎儒而未始专守乎儒，卓然独得，夐然孤往。观于此录之所存，亦未尝不可以得其仿佛于一二也。磵公既以此意请于先生，先生怫然曰：岂虑吾将不起耶？何必尔。磵公曰：非此之谓也。先生之言，固字字称心而出，何苦自守过隘，不推此心以示人乎？会重庆陶闿士先生亦以是为言，先生乃属不肖就斯录而加以拣择焉。不肖既追随函丈，得朝夕承教将事。于是首去其谈时事者，次则凡关于高深学理之谈话，记得不差者便存之，其未能达意者，先生病中既不能劳虑，愚亦不敢妄事窜易，则概行删去之。故今兹所存，视原稿则已大减。赞非既掌教河南村治学院，兵戎间隔，亦未便通函商榷。幸先生道履渐康，得以请质疑滞，而无妄参私意之戾矣。录成，暂印百五十部，分赠友好。谨志其颠末于此。又赞非抄存先生手札数首，亦别为附录系之卷尾云。十九年二月张立民识于杭州西湖广化寺。

【附先生手教：录中轮回问题，所记甚粗略。此事在吾心理上经过曲折，极繁复。吾近来意思，只是存而不论。世有净信，见此录必大詈我。然吾终望有善根人，能发心努力现世，努力做个人，便是菩萨道。立民以此语揭之卷首可也。十力。】

语录

郯城高赞非记述/孝感张立民校订

【此册记黄冈熊十力先生语。不肖随侍先生，于今五年。每亲承诲谕，亦时与闻酬对朋旧、训示学生之辞，不自度顽钝，辄为记述，积十万余言。体制规语录，元无义类；行文兼白话，只期辞达。家大人见之，锡名《尊闻录》。曰：尊其所闻则高明矣，是予小子所不敢坠也。民国十七年中秋赞非谨识。】

十三年秋，谒先生于曹州，始禀学焉。先生曰：为学始于辨志，志者心之所存主。心存主乎诳耀势利，则小人之归也；心存主乎发强刚毅，则大人之基也。是其界划甚明，而人恒忽忽焉习熟于卑近而不之察也。汝切须内省而辨之于微，勿安于习而贪徇物之易，以率性为难，则辨之必明，而毋入于卑近矣。

一友说《庄子》曰：人之生也，固若是芒乎？芒，惑也。生与惑俱，人遇事求知而生不可知，有知其所以生而始生者乎？先生曰：子之说非是。夫生不由知，固也，若乃知生不由知，则已是知也。

先生尝曰：吾人穷理，触处求解，便触处成疑。疑复求解，困而莫舍。一事求解，关系无量，条件未具，不堪遽释，故解待疑，其解方确。事事相关，解此一事，又引他事，辗转相引，事则无穷。求解无穷，疑亦无穷。解底范围推广，疑底范围与之俱广。

先生自言，始为轮回论者之信徒，其初所作《唯识书》，虽于护法诸师之理论多所破斥，而对于佛家根本观念即轮回观念，固与护法同其宗主而莫之相悖也。《唯识书》第三稿中有一段首揭此义云：窃有古今之一大谜焉，不可不先扬榷之者。曰：诸有生物，其生也，原各各独化，都无终始，不随形以俱尽乎？抑宇宙有大生焉，肇基大化，品物流形，故生物禀此成形，其形尽而生即尽乎？原注：此言宇宙者，外界之异名，乃随俗假说耳。大生者，不必谓宗教家所立之神，凡哲学家计有外界独存之实体者皆是也。由前之说，则生界为交遍；原注：交遍者，无量生命各为独化，同在一处，各各遍满，而不相障碍，仍为互相联贯之全体焉。由后之说，则生界为同源。原注：计有大生之实体为一切有生所从出故。由前之说，则有生皆无待而自足；由后之说，则有生将外藉而凭虚。原注：如吾之生若非自有，而藉外界独存之大生偶尔分赋者，则吾生直等于石火之一瞥已耳。谓吾生非自有而索源于外矣。外源之有，吾又何从征之哉？前说佛家主之，后说世间多持之。吾尝徘徊两说之间，累然而不释也。转复宁息推求，旷然自喻，吾生之富有，奚由外铄？原注：《易》曰“富有之谓大业”，言乎生活力之深固与盛大也。息骑驴觅驴之妄，原注：吾之生也，独化已耳。不自明而寻来源于外，非骑驴觅驴而何？悟悬的投矢之非。原注：纳群生于虚立之大原，与投众矢于故悬之鹄的，有以异乎哉？遂乃印持前说，略无犹豫。事不可以物征，理实在乎自信。据此，则先生对于轮回说之坚持可见矣。一日，忽毁其稿，怅然曰：吾书又须改作矣。时居北京西郊万寿山大有庄，脑病已剧。值寒雪，驱车入城就医，余随侍。林宰翁来视，先生曰：吾打破轮回观念矣。宰翁曰：尊书那段文字说得恁地好，如何又打破了？先生怫然曰：且莫说闲话，吾急待商量。今若依据佛家而言生命，则一切有情之生命各各无始无终，即各各有迥脱形骸之神识。轮回之义，以此建立。若诚尔者，则植物与下等动物将有神识焉否耶？设许有者，则复生现象如何解释？复生者，谓如某种生物若切断其体为数段，则每段皆成独立之生机体，此名复生。何者？一物之生命既无始无终，即有独立之神识，则将其机体割去一部时，其所割去之部应不得自成一生机体。以每一物之神识，必不随机体割裂而分化故。设云无量神识遍满宇宙，当将某物之机体割去一部，即时另有神识附着其间，故仍别成一生机体者，此则视神识之发现过于忽然，诚难印许。佛家虽不许植物有神识，然其谓胎卵湿化四生皆为有情，则固许下等动物有神识也。既许下等动物有神识，则下等动物中有复生现象，将如何解释耶？吾以此对于轮回之信仰完全失其所据，兄能释此难否？宰翁笑曰：新生，复生，新生谓如结胎而生者是。同是忽然。吾人于新生不谓无神识，乃致疑于复生之不当另有神识，何哉？此事，要信只合笃信下去，不信亦由人。仔细推求，极是自苦。因此事万不可以理智解决也。先生曰：不妨细理会。宰翁曰：吾夙昔对此极苦过心来，情感上总觉信得及，亦足安慰。理智推求，又没证据。初与兄会面，犹好提出此问题，亦颇忆否？年来将此付之不问，问了终无答案，何必虚问？又吾侪有一日之生，尽一日之人道，亦不必待有轮回而后安慰也。先生曰：言有轮回，不过将我之生命上推之至于无始，下推之极于无终。诚如其说，则长劫轮回，不知曾幻作许多众生身，是即有无数之我。若无轮回，则我独出长劫中之某一期，更无第二之我。如是则我之价值，岂不更重大？我之生活意义岂不更优美？宰翁笑曰：诚然，诚然。

吾因先生变更轮回观念，恐其《唯识书》不复作，乘间致问，先生曰：将另造《新唯识论》也。复问：近来主张如何？曰：只是方便显示本体。本体无从直揭，故须方便。问：或言先生之学，乃融会贯穿于此土三玄及梵天般若之间，然欤？先生曰：亦说得似。又曰：唯识更张，是一大事，若精力不亏，得就此业，极于真理有所系也。又问：般若之旨，可得闻欤？先生曰：此难为汝言也。般若只是破执，然徒在知解上做工夫亦不相干，须是自见本心。禅家实通般若，不了禅而学般若，不会有入处。但对汝说此，亦是闲言语。然汝且置之脑中，将来若能进而用力于禅家与般若，好自理会，或于吾今者之说有默契也。不然者，吾终是闲言语。

暑假随师南下，寓杭州西湖法相寺。师病中不得执笔，犹时运思。一日问之曰：师昔不主众生同源说，今若作《新唯识论》将如何？师曰：吾旧宗护法唯识，则以实体为交遍，而非是一体。由今思之，此不应理，只是一体，哪得多元？吾今者仍持同源说也。复问同源之说可征乎？曰：此固可于生物学上举其征，如柏格森哲学是已。我却不用拿生物学来做根据，我是直接反求诸心，见得此意。记得我少时看王阳明《大学问》，自以为解得。由今思之，当时确是以不解为解，如今倒是真解得。《大学问》篇云：“大人之能以天地万物为一体也，非意之也，其心之仁本若是。其与天地万物而为一也，岂唯大人，虽小人之心亦莫不然，彼顾自小之耳。是故见孺子之入井，而必有怵惕恻隐之心焉，是其仁之与孺子而为一体也。孺子犹同类者也，见鸟兽之哀鸣觳觫而必有不忍之心焉，是其仁之与鸟兽而为一体也。鸟兽犹有知觉者也，见草木之摧折而必有悯恤之心焉，是其仁之与草木而为一体也。草木犹有生意者也，见瓦石之毁坏而必有顾惜之心焉，是其仁之与瓦石而为一体也，是其一体之仁也。虽小人之心亦必有之，是乃根于性而自然灵昭不昧者也。”详此，则同源之义有明征矣。所谓与万物而为一体之仁者，仁即源也，我与万物所同焉者也，是无形骸之隔，物我之间故痛养相关也。否则，根本互不相通。见孺子入井乃至见瓦石毁坏，其有恻隐与顾惜之心也哉？至理只在当身，人乃由之而不著焉，习矣而不察焉。道在迩而求诸远，事在易而求诸难，所以为学者之大患也。吾乃今日于此见得真切有味，同源之说，无复疑矣。复问：师今日见地，果自阳明入乎？曰：难言也。谓吾自阳明入，不若谓吾自得而后于阳明之言有深入也。程子曰：“吾学虽有所授，而天理二字却是自家体认出来。”古今几人会得此意？

问：先生初不主同源说，以谓若由其说，则吾人生命将外藉而凭虚，引见前文。今日意思云何？先生曰：我昔时极是错误，如今自不是那般意思。问：近来意思可得闻欤？先生曰：这道理好难说。在人情计度，则以为说到同源，好像是外于万物而别建立一个公共的大源，叫他做宇宙实体。我与一切人和物都从他分赋而出生，如大海中幻起许许多多的浮沤一般，每一浮沤是大海水所分赋的，所以浮沤自己不实，乃外藉大海水而暂时幻现者。所以我底生命不是我元来自具自足。旧稿外藉而凭虚之说，盖即此意。如上所说，若道那般话竟是么，则已堕入邪见，不可救药了。欲道那般话不是呢，我也没有好语言来说明我今者之所谓是，以别于那般话之不是了。因为语言是实际生活的工具，是表示死物的符号。这道理是迥超实际生活的，是体物不遗而毕竟非物的，如何可以语言来说得似？虽复善说，总不免把他说成呆板的物事了。大抵同源云者，虽已承有万物公共的大源，而他谓公共的大源，下皆准知。毕竟不是外于万物而别为空洞独立之一物，他是遍为万物实体，无有一物得遗之以成其为物者。万物皆以他而成其为万物，我固万物之一，即亦以他而成其为我。所以我与一切人和物虽若殊形，而语及实性则是浑然一体。性者体之异名。一体故无内外，无内外故亦无彼此。奈人生来便把形骸执着了，执即是惑。易言之，即起我执了。此处吃紧。既执有我，同时即妄分别有与我对待之一切人和物，于是内我而外人，内我而外物，则忽尔有内外矣。我也，人也，物也，互相对待，即忽尔有彼此矣。从兹已往，封畛厘然，遂不能返会到本来一体上去。若是除去计我之执，这内外彼此等疆界便一齐打破，立时了悟本来一体，并无奇怪。即如前举沤海喻，只是把浮沤分别执之为一个一个，即妄执有沤之相，遂以为无量沤外有大海水，所以成邪见。若是不执沤相，便于无量沤而洞见举体是大海水，了无内外彼此可以分划，这岂不是正见么？所以吾今者之见与昔日那般话，所辨只在毫厘。总之，吾人若能破妄执，返会到本来一体上去，即是安住于实体。安住者，自守而不迁之意，非谓我与实体为二，以我安住在他里面。此须善会。吾人由妄执故，遂物化而失其本体，便是迁了，安住则反是。到此，自本自根，尚何外藉之有？尚何凭虚之有？若不了此，抛却自家无尽藏，将弱丧而不知归，此等人生活浮虚，直是救他不得。

问：人生设有轮回，似亦足慰。先生曰：吾学在见体。人能安住于实体，超越个体的生存，即没有为达个体生存之目的而起之利害计较。易言之，即不为生存而生存。如此，无恐怖，无挂碍，何待有轮回为之安慰？轮回观念却是要求个体恒存的观念。宰平先生昨又说，这便是要求自我生存的不断，即所谓计常之见。吾亦曰：佛家言无我，其实大有我在。

问：人情总难抛却个体观念，若无轮回，则个体的生命等于昙华一现，奈何？先生曰：个体本是实在的，如我和你在此，是分明显现着，那是梦幻泡影的？问：其如死后没有何？先生曰：是须谈三世义。过去、现在、未来。三世说有便都有，说无便都无。说无者，谓过去已灭故无，现在不住故无，未来未生故无。若尔，三世都无，轮回亦是虚立。说有者，谓过去实有于过去，现在实有于现在，未来实有于未来。如此则汝个体的生命实有于现在世中，是亘古不磨的。准此以谈，死后有无，不必与轮回有关。

先生曰：自省思虑不易放下，或发一问题不得解决，即留滞胸中，左右思维，旁求之事事物物，冀得其征。然理之至者，非可离于事物而求之，更非可泥于事物而求之。人但知不可离事物而求理，恶知其不可泥事物而求理哉？吾尝因一疑问，多端推征，往复不决，心力渐疲，而游思杂虑乘之以起。然有时神悟焕发，不虑而得。亦有推征既倦，不容不休，久之措心于无，忽尔便获。更有初机所遇，本无差谬，后渐推求，转生疑惑，旋因息虑，偶契初机。总之，穷理所病，唯一泥字，泥则神累而解不启。泥者，全由吾人在现实生活方面所有知识，早于无形而深远之途径中组成复杂之活动体系，为最便于现实生活之工具。此工具操之已熟，故于不可应用之处，亦阴用而之不觉，此所以成乎泥而为真理之贼也。

“易有太极”，太极即乾元也，非更有为乾元之所从出者名太极也。乾道，进进也，变动不居也，生生不息也，故谓之元。坤实非元，其体即乾也。

乾为神，坤为器。以在人者言之，形体器也，属坤；心则神也，属乾。神者固器之体，器成则神即器而存，故不可离器而求神。凡有质，皆器也，即皆神之运行也。然器有畛域，神则无畛域。一器别具之神与宇宙统体之神，实不可得而分隔也。昧于此者，乃以器之有畛域而疑神之亦有畛域，此神我神识诸说所由作也，是大惑也。器成而碍，不能不毁。然器有成毁，无断灭，如花有凋谢而花之类不绝。神者，万物之统体，乃生生无熄，时时舍其故而更新也。一器之成也，即资于统体之神而成其体焉，既成则犹息息资于统体之神以相续，及其顽钝而不能复资于神以续成，则毁矣。故器之既毁，而犹冀有个别之神不随此器俱毁者，则未知此器未毁已前，虽若有别具之神，而实即是统体之神。固不可以器之成其个别，而疑神之亦为个别矣。神必著见而成乎器，宇宙未有荡然无器之一日也，然执器者，则昧乎神。

老氏言“玄牝”，与《易》言太极义通。

《论语》记孔子“五十而知天命”，又曰“五十以学《易》，可以无大过矣”。足征孔子到五十知命，故其治《易》也，实足以发明此理，无复过误也。子贡曰：“夫子之言性与天道不可得而闻也。”非闻之而真有得者不能出此言也。然则夫子固尝言性与天道，子贡既闻之而有得矣。今考之《论语》，罕载性道之言，岂其绝无纪述欤？以理推之，当不其然。盖性与天道之谈，别载《易传》故也。《系词》等作，当是孔子亲笔，七十子或有附益耳。自夫子赞《易》，而后《易》始为哲学思想之书，故求孔子学者必于《易》。

庄子深于《易》者也，实孔学之支流。庄子谈变化极精，直自《易》出。

一友极能注意自家生活，然未免失之紧迫。时或追寻人生有无意味，或自苦究何为而生。先生虑其成病也，乃语之曰：在生活上追求意味，此是由于有我之私无形在里面作祟，务须放下一切追求，不然，被他纠缠到死不得解脱。若问何为而生？此问无理。生岂有所为乎？有所为者，是人意之私，不可以推求生理也。至生活之安定不安定，此大须注意。汝之本心自是安定，如何而有不安定耶？吾不欲向汝深谈理道，但劝汝自见本心，顺本心而行即安，违其本心即不安。若问何谓本心？则汝不须穷索，我责汝饱食终日无所用心，汝即时羞恶起来，只此羞恶之端是汝良知，是汝本心，是汝生理，亦是天地之根。汝自见得透，自信得过，便随顺行去，日用间吃饭、穿衣、看书、散步、应事接物，乃至临难处危，一一顺此本心行去，平平稳稳。《礼》所谓“临财毋苟得，临难毋苟免”，《论语》所谓“居处恭，执事敬，与人忠”，阳明所谓“事父便知孝，事兄便知弟”，皆此心也。诚如是，尚何危殆不安之有耶？又吾每教汝看书，汝便自较量云看了某书，强索些空洞知识，毫无趣味，是于吾生活有何干系？汝这种见地，大是谬戾。须知汝心不在事物中，而亦不离开事物以独存。事事物物都是仗托汝心而成其为事物，汝心复是仗托事物而现起，方名为心。一物之理未究，一事之理未穷，汝便将自家元来广大底心剥蚀了，狭小了，如之何其可哉？空洞也，没趣味也，无干系也，都是丧心之病，犹不悟耶？

陈聚英初见师，请示看何书。师语之曰：且勿遽说看何书。汝欲堂堂巍巍作一个人，须早自定终身趋向，将为事业家乎？将为学问家乎？如为学问家，则将专治科学乎？抑将专治哲学或文学等乎？如为事业家，则将为政治家乎？或为农工等实业家乎？此类趋向决定，然后萃全力以赴吾所欲达之的，决不中道而废。又趋向既定，则求学亦自有专精。如趋向实业，则所学者即某种实业之专门知识也；趋向政治，则所学者即政治之上专门知识也。大凡事业家者所学必其所用，所用即其所学，此不可不审也。如趋向哲学，则终身在学问思索中，不顾所学之切于实用与否。荒山敝榻，终岁孜孜，人或见为无用，而不知其精力之绵延于无极，其思想之探赜索远，致广大，尽精微，灼然洞然于万物之理，吾生之真，而体之践之，充实以不疑者，真大宇之明星也。故宁静致远者，哲学家之事也。虽然，凡人之趋向，必顺其天才发展。大鹏翔乎九万里，斥莺抢于榆枋间，各适其性，各当其分，不齐而齐矣。榆枋之间，其近不必羡乎远也；九万里，其远不必骄于近也。天付之羽翼而莫之飞，斯乃不尽其性，不如其分，此之谓弃物。吾向者欲以此意为诸生言之，又惧失言而遂止也。汝来请益，吾故不惮烦而言之。然吾所可与汝言者止此矣，汝能听与否，吾则以汝此后作何工夫而卜之也。若犹是昏昏懂懂，漫无定向，徘徊复徘徊，蹉跎复蹉跎，岁月不居，汝其虚度此生矣。

有柳君者问曰：先生屡教人于学问或事业求一成，得毋功利之见耶？先生曰：是何言哉？功利者，有所为而为也，学问与事业之期成，则人自充实其生活之力量，只尽己而已，岂有所为而为哉？先儒云："尽已之谓忠。"凡人无一成者，只是不忠。

学人即以学问为其兴趣，作事者即以事业为其兴趣，努力于学问或事业之场，勤奋增愉快，愉快增勤奋，此谓嘉兴美趣，此谓丰富之生活。若人求学作事而有竞名趋势逐利等念，则是有所为而为之，即心溺于鄙细，便没兴趣，而沦于枯槁之生活，是可哀已。

刘念僧问：声生论师说声从缘生已，便是常住，此何所据？先生曰：以今日留声机验之，声生家言，似有相当理由。然格以大乘之义，则留声机中之声亦非常住，只是刹那刹那，生灭相续。此声于前刹那生已便灭，后刹那有似前声相续而起，非前声能住至后。俗不了此，乃计常住，故声生说，毕竟不符正理。

先生曰：人谓我孤冷，吾以为，人不孤冷到极度，不堪与世谐和。

事不可意，人不可意，只有当下除遣。若稍令留滞，便藏怒蓄怨而成为嗔痴习气，即为后念种下恶根，永不可拔。人只是自己对于自己作造化主，可不惧哉！可不惧哉！

偶见师于案头书纸云：说话到不自己时，须猛省而立收敛住。纵是于人有益之话，但说到多时，则人必不能领受而自己耗气已甚。又恐养成好说话之习惯，将不必说不应说不可说之话，一切纵谈无忌，虽曰直率，终非涵养天和之道。而以此取轻取侮取忌取厌取疑于人，犹其末也。吾中此弊甚深，悔而不改，何力量薄弱一至是哉？

漱师阅同学日记，见有记时人行为不堪者，则批云含蓄为是。先生曰：梁先生宅心固厚，然吾侪于人不堪之行为，虽宜存矜怜之意，但为之太含蓄，似不必也。吾生平不喜小说，六年赴沪，舟中无聊，友人以《儒林外史》进，吾读之汗下，觉彼书之穷神尽态，如将一切人及我身之千丑百怪一一绘出，令我藏身无地矣。准此，何须含蓄？正唯恐不能抉发痛快耳。太史公曰："不读《春秋》，前有谗而不见，后有贼而不知。"亦以《春秋》于谗贼之事，无所不言，言无不尽，足资借鉴也。吾恶恶如《春秋》，不能为行为不堪者含蓄，故与梁先生同处多年而言动全不一致。汝侪亦各自行其是可也。

一日，师闻人言，将买鸡而杀之。师曰：买已杀者可也，取一生物而杀之，不必也。其人曰：此不澈底之杀生也。师默然久之曰：设责吾不澈底戒肉食，则吾唯有自承其罪，拊胸沉痛而已。若以不澈底杀生为可非笑者，此何忍闻？使杀生而可澈底做去，则人之类其绝久矣。留得一分杀生不澈底之心，即宇宙多一分生意。愿与世人共策励也。

一友读李恕谷书，师过之，某因问先生对恕谷有无批评。先生曰：吾看船山、亭林诸先生书，总觉其惇大笃实，与天地相似，无可非议。他有时自承其短，而吾并不觉他之短。看李恕谷书，令我大起不快之感，说他坏，不好说得，说他不坏，亦不好说得。其人驰骛声气，自以为念念在宏学，不得不如此。然船山正为欲宏学而与世绝缘，百余年后，船山精神毕竟流注人间。而恕谷之所以传，乃附其师习斋以行耳，若其书则不见得有可传处。然则恕谷以广声气为宏学者，毋亦计之左欤？那般虏廷官僚、胡尘名士，结纳虽多，恶足宏此学。以恕谷之聪明，若如船山绝迹人间，其所造当未可量，其遗留于后人者当甚深远。恕谷忍不住寂寞，往来京邑，扬誉公卿名流间，自荒所业。外托于宏学，其中实伏有驰骛声气之邪欲而不自觉。日记虽作许多恳切修省语，只是在枝节处留神，其大本未清，慧眼人不难于其全书中照察之也。恕谷只是太小，所以不能如船山之孤往。吾于其书，觉其一呻一吟、一言一语，无不感觉他小。习斋先生便有惇大笃实气象，差可比肩衡阳昆山。凡有志根本学术者，当有孤往精神。

师语云颂天曰：学者最忌悬空妄想，故必在周围接触之事物上用其耳目心思之力。然复须知宇宙无穷，恃一己五官之用，则其所经验者已有限，至妄想所之，又恒离实际经验而不觉。船山先生诗有云“如鸟画虚空，漫尔惊文章”，此足为空想之戒。故吾侪必多读古今书籍，以补一己经验之不及，而又必将书籍所发明者反之自家经验而辨其当否，若不尔者，又将为其所欺。

颂天可谓载道之器，惜其把知识看轻了。他也自责不立志，却没理会志非徒立，必见诸事。少年就学时，则穷理致知是一件大事，此却靠读书补助，于此得着门径，则志气日以发舒。否则空怀立志，无知能以充之，毕竟是一个虚馁的汉子。吾观汝侪平日喜谈修养话头，而思想方面全未受训练，全未得方法，并于无形中有不重视之意，此吾所深忧也。观颂天昨日所书，仍是空说不立志，而于自己知识太欠缺，毫不感觉。充汝辈之量，只是做个从前那般道学家，一面规行矩步，一面关于人生道理也能说几句恳切语、颖悟语，谈及世道人心，亦似恻隐满怀，实则自己空疏迂陋，毫无一技之长。尤可惜者，没有一点活气。从前道学之末流只是如此，吾不愿汝侪效之也。

先生戒某君曰：吾一向少与汝说直话，今日宜披露之。汝只是无真志。有真志者不浮慕，脚踏实地，任而直前，反是则昏乱人也，庸愚人也。汝于自家身心，一任其虚浮散乱而不肯作鞭辟近里工夫。颂天知为己之学，而汝漠然不求也。尝见汝开口便称罗素哲学，实则汝于数学、物理等知识毫无基础，而浮慕罗素，亦复何为？汝真欲治罗素哲学，则须在学校切实用功，基本略具，始冀专精。尔时近于数理哲学，则慕罗素可也，或觅得比罗素更可慕者亦可也。尔时不近于数理哲学，则治他派哲学或某种科学亦可也。此时浮慕罗素何为耶？汝何所深知于罗素而慕之耶？君子于其所不知，盖阙如也，至其所笃信，则必其所真知者矣。不知而信之，惊于其声誉，震于其权威，炫于社会上千百无知之徒之辗转传说，遂从而醉心焉，此愚贱污鄙之尤。少年志学，宁当尔哉？天下唯浮慕之人最无力量，决不肯求真知。吾不愿汝为此也。汝好名好胜，贪高骛远，不务按部就班著工夫，一日不再晨，一生不再少，行将以浮慕而毕其浮生，可哀也哉！

先生一日立于河梁，语同学云：吾侪生于今日，所有之感触，诚有较古人为甚者。古之所谓国家兴亡，实不过个人争夺之事耳，今则已有人民垂毙之忧，可胜痛乎？又吾人之生也，必有感触而后可以为人。感触大者，则为大人；感触小者，则为小人；绝无感触者，则一禽兽而已。旷观千古，感触最大者，其唯释迦乎？以其悲愿，摄尽未来际无量众生而不舍，感则无涯矣。孔子亦犹是也，“鸟兽不可与同群，吾非斯人之徒与而谁与？”何其言之沉切也。“老者安之，朋友信之，少者怀之。”程子谓其量与天地相似，是知孔子者也。

为学，苦事也，亦乐事也。唯真志于学者，乃能忘其苦而知其乐。盖欲有造于学也，则凡世间一切之富贵荣誉皆不能顾。甘贫贱，忍澹泊，是非至苦之事欤？虽然，所谓功名富贵者，世人以之为乐也，世人之乐，志学者不以为乐也，不以为乐则其不得之也，固不以之为苦矣。且世人之所谓乐，则心有所逐而生者也，既有所逐则苦必随之。乐利者逐于利，则疲精敝神于营谋之中，而患得患失之心生，虽得利而无片刻之安矣。乐名者逐于名，则徘徊周旋于人心风会迎合之中，而毁誉之情俱，虽得名亦无自得之意矣。又且所逐之物必不能久，不能久则失之而苦益甚，故世人所谓乐，恒与苦对，斯岂有志者所愿图之乎？唯夫有志者不贪世人之乐，故亦不有世人之苦，孜孜于所学而不顾其他。迨夫学而有得，则悠然油然，尝有包络天地之概。斯宾塞氏所谓自揣而重，正学人之大乐也。既非有所逐，则此乐乃为真乐而毫无苦之相随，是岂无志者所可语者乎？

有张君者，谓佛家教人禁欲。先生曰：此大谬之言也。欲可禁乎？欲能禁而绝乎？人心者，非顽然一物，其间前念方灭，后念即起，迁流不息，亦如河海之流而无穷也。今欲人欲之不起，惟务抑之遏之，不知欲之起也无已，抑之遏之亦无已。是非如治水之壅塞其流，终将使之决于一旦，滔天而不可挽乎？吾意佛家教人，不应如此。盖不在禁欲，惟务转依。转依者，转移此心之倾向也。知欲之不可禁，惟移此心之倾向而令其依于善，则念念向上，将邪欲不禁而自伏除。譬之治水者，顺流疏决以就正道，则流既畅而泛滥之祸自免也。他日，先生又曰：儒者亦有把欲看做是天理之敌人而必欲克去之者，此亦大错。夫欲曰人欲，则亦是人之欲也。人之欲，其可尽去乎？使人之欲而可尽去，除非人不生也。人既有生，便不能无人欲，如何尽去得？大抵人欲所应去者，只是不顺理之欲。吾人见得天理透，只是良知不汩没耳。使天理常作得吾身之主，则欲皆从理，而饮食男女莫非天理中事矣。

佛以大雄无畏，运其大悲，见种种颠倒痴愚众生，种种苦恼逼迫境界，都无愤激，都无厌恶，始终不舍，而与之为缘，尽未来际，曾无息肩。其悲也，其大雄无畏也。吾侪愤世嫉俗，不能忍一时之乱，幽忧愁苦，将荒其业，此实浅衷狭量之征。故知抱悲心者，必先养大雄之力。不能大雄无畏而徒悲，则成为阴柔郁结，而等乎妾妇之量已。

社会只是各种势力汇聚而相激相荡，这边胜了，那边便负，难道他好坏。好坏之见，出于自家主观。遇着利害冲突的方面，以主观而判断他底好坏，如何靠得住？

人类不齐，智愚、善恶、廉污、灵蠢种种差别，万不能尽纳于至善之境。然而圣哲之心，总期一切人趋归至善。要其用力之方，则亦只就当躬所及接者，积诚以动之，其所不接者，以心量涵之而待其自感。有效与否，要自不计。

凡人言动间，自觉俗情流露，自知惭愧，此则无害。若自己流露于不觉而为他人所觉者，则他人代为惭愧而自己反不知，斯可畏耳。人非力学，难言去俗。知识道德高一分，俗情方去一分。

人生本来是好的，绝没有夹杂一点坏的，其所以有不好者，因为他梏于形，囿于习，才与宇宙隔绝，把本来的好失掉了。

人生在社会上呼吸于贪染、残酷、愚痴、污秽、卑屑、悠忽、杂乱种种坏习气中，他的生命纯为这些坏习气所缠绕、所盖覆。人若稍软弱一点，不能发展自家底生命，这些坏习气便把他底生命侵蚀了。浸假而这些坏习气简直成了他底生命，做他底主人翁，其人纵形偶存，而神已久死。

凡人当自家生命被侵蚀之候，总有一个创痕。利根人特别感觉得，一经感觉，自然奋起而与侵蚀我之巨贼相困斗，必奏廓清摧陷之功。若是钝根人，他便麻木，虽有创痕，而感觉不分明，只有宛转就死于敌人之前而已。

冯炳权问：每闻人说，有时心中理欲交战，岂一念中理欲并起而交抗耶？先生曰：一念无理欲并起，乃是前后念迭起，人不之察，以为仍是一念中事耳。如初念本循理，次念计较生，即欲之动也；又次念或不以从欲为然，此即天理偶现；又次念或惮于从理，即欲复炽。如是理欲迭起，至最后一念，或理胜欲，或欲胜理。常人心情，大抵如是，但念之起灭甚速，彼往往以多念为一念也。

凡人敬慎之畏不可无，怯弱之畏不可有，自审有一分怯畏，须将根拔去。

圣贤自有至情，大奸雄亦复多情。奸雄如不多情，何能收笼群伦为之效命哉？其多情，非尽伪也，尽伪必不能使人。曹操既贵，不忘死友之女。《祭乔玄文》，感怀知己，一往情深。其他吊旧之词，亦令百世下读者可歌可泣，岂可以伪为哉？特不能率性以治情，其情日以流于杂妄，故不得为圣贤耳。以是知人未有无情而足为人者也，唯昏惰人乃斫其情。

智大者必富幽情，探赜索远，极深研几，解悟所至，情味俱永。情薄则无以资解之深到。

为学最忌有贱心与轻心，此而不除，不足为学。举古今知名之士而崇拜之，不知其价值何如也，人崇而己亦崇之耳，此贱心也。轻心者，己实无所知，而好以一己之意见衡量古今人短长，譬之阅一书，本不足以窥其蕴，而妄曰吾既了之矣，此轻心也。贱心则盲其目，轻心且盲其心，有此二者，欲其有成于学也，不可得矣。

先生尝自言，当其为学未有得力时，亦曾盲目倾仰许多小大名流。言已而微笑。予因问曰：先生对昔日所盲目倾仰者，今得毋贱之恶之耶？先生曰：只合怜他，贱恶都不是。

潘从理问：有某君者，言任事者必愚，智深者利害分明，即不肯任事。先生曰：不知某君所谓智者为何如之智，其所谓愚者为何如之愚也。仲尼谓宁武子愚不可及，武子之愚，非世俗所谓愚。以其不作一己利害计较，对凡人之小慧而言，乃假说为愚，所谓正言若反也。武子之愚实乃超出俗情，无私无碍，神全而鉴无不周，故可任重而不疑，履危蹈难而不避。若乃世俗愚夫，直任凡情冲动，于事理毫无了别，但凭其血气方刚，因缘时会，亦得奋跃以有功。汉高所谓功狗，正谓此辈。然名之为功狗，则功不由己，而当归诸发踪指示者亦明矣。发踪指示者人也，大智者也。高帝但以之许萧何，近之矣。亡友刘子通曰：大事业家之头脑与大哲学家及大科学家之头脑一般复杂，只应用不同。可谓知言。若不辨乎此，将以武子之愚与诸兵子之愚并论，自非无目，孰有睹大明而拟诸爝火之微茫也哉？

世俗所谓智者，大抵涉猎书册，得些肤泛知识，历练世途，学了许多机巧。此辈元来无真底蕴，无真知见，遇事只合计较一己利害。其神既困于猥琐之地，则不能通天下之故，类万物之情，只是无识之徒。凡人胆从识生，今既无识便无胆，如何做得大事？

唯不计利害，才能看得利害分明。常人计较利害，其神已昏，那得分明？不计利害底人，亦有差等。略言之，仁人以至诚任天下之重，死生以之，更计甚利害？诸葛公便是此等人。光武、宋祖，亦近于仁。次则英雄豪杰，虽无仁人之至诚，要其大体上总是趋向正路坦途，不过功名心重。所谓伯者一流人，他却富于责任心，敢以身任天下之重，故亦将死生置之度外，所以不眩于利害，神解超脱，明烛万几，汉高、唐太、明祖辈，皆此类也。萧何、张子房之徒，亦其次也。唐太宗是晚周已后第一有大规模有大雄图底人物。即汉高、明祖初举事时，亦俊伟不易及，迄成功后，血气衰而虑患又深，始多败行。然明祖却狭小，不敢望汉高。

中国古来之道德信条，其系于人心者，常使贤者不忍干，不肖者不敢犯，盖数千年来所积之势力中于人心之深如是。乃近日欧风东来，旧有之道德信条，国人视之废然无足重，遂使不肖者有所借口，公然冒大不韪而不顾，是其不敢之情绝。浸假习伪以为正，而贤者不忍之心亦将窳乎无存。樊篱决而人欲肆，天下滔滔，日趋于禽兽而不知，可无痛乎？今人动口说旧道德不足保存，此缘不辨道德与伦理之分，故无知而横决。夫伦理有随时制宜者，可云有新旧。如夫妇之伦，古者丈夫掳掠妇女为淫乐而已，无所谓匹偶之重也；后圣制礼以明人道，始尊伉俪，此随时制宜，有新旧之异也。古者有朋友一伦，师弟之谊，未闻特异；中世圣人隆道术而尊师教，遂著在三之义，此又制时之宜而新旧异也。至于人权明，帝制革，而君臣之伦以废，今日居官任职，长属之分，必不可拟于古之君臣。举此数例，以征伦理实分新旧。若夫道德则异是，乃贞于性而通万变以不易焉。如忠之为道德也，古者以之忠于君，今可谓其旧而不适用乎？毋自暴弃，所以忠于己；执事敬，所以忠于识务；为国民争得平等自由，所以忠于民众；为人类倡明真理，所以忠于人类。准此以谈，忠之为道德也，其可谓古之所以事君者，今不宜存乎？先儒云：发己自尽之谓忠。如此训“忠”甚好。“发”字大有力，兼生发与发散两义。而所谓“己”者，言乎己之所存也，发己者，发其所存也，本乎己所固具之良知良能，与凡学之所得，知之所及，思之所通，心之所信，当其不得不发，如草木底生力发不自已一般。沛然发之而无所馁。易言之，直是尽他一己生得与继长底整个的生活力，油然畅发，极充实而无所虚，无所伪，无所馁，所以谓之忠也。忠之道德，如有一息之绝于人，则人类灭矣，此何所谓新旧之异耶？曾子任重道远，死而后已；诸葛鞠躬尽瘁，死而后已。都是发己自尽，都是个忠。一友问曰：大哉先生之说忠也。然曾子曰：“为人谋而不忠乎？”为人谋者，不必尽关巨计，遇一细事，亦矜矜求忠耶？先生曰：汝误矣。吾所谓忠者，只是自家生活力充实不已，而其著见于日用酬酢者，自然随其所感，无巨无细，而莫非充实不已之全体流行，绝无些子虚馁。这个体段，已是内外融一，元来不曾立心在事上去较量；于事无较量，即不以事为外来。事既非外，则心亦不名为内，这便是内外融一的全体，让他随在迸发，浑是个忠。若不到此境界，自然要在事上去较量巨细，才于事起较量，却已内外隔碍，办不得忠来。即在他认为巨计，勉强做得济事，亦是依仿揣摹，貌似忠而实不由乎忠也。然初学且未要说到内外融一，最好学曾子底三省。曾子只是把他认为要紧的三件事时时警醒此心，存之于豫，久存而熟，即便扩充得开。问：曾子却以忠为三省之一，与先生言忠自不同。曰：义有广狭，尽可会通。交友之信即忠也，传习亦忠也，乃至万善皆忠也。

赖典丽云：尝闻诸先生曰，吾人做学问是变化的、创造的，不是拉杂的、堆积的。此如吾人食物，非是拉杂堆积一些物质而已，食后必消化之，成为精液，而自创新生机焉。若拉杂堆积之物，则是粪渣而已。学问亦然。若不能变化创新，则其所谓学问，亦不过粪渣的学问而已。

先生因事责某友，遂诫同学云：对人不可随便看作无意思无主张。被人作如是看者，亦不宜轻受。凡人随时随事总要有力量，一言一行不可苟且，有苟且便当知改，不如是而能成人者，未之有也。来此共学，大家丑处错处，不妨公开，互相磨励，以底于成。人未至圣，孰能无过？在相谅相戒而已。

先生昨在曹州，因一事误疑梁漱溟先生，大怒。梁先生亦不辩。先生盖久之而后自知其误，以告陶闿士先生。闿翁曰：疑而不匿，悟而能改，观过知仁矣。

天下有真愚人，无真恶人，所以无明是万恶之首，佛家说无明，即愚之异名。此意深微，千古几人真会得？他要说会得，只是他底会得。问：不见古今恶人都是愚人。先生曰：如袁世凯不为华盛顿，却学朱温，你道他是大恶是大愚？闻之，豁然有省。

“恶莫大于俗，俗莫偷于肤浅”，这是船山真知实见语，只此求解人不易。清末以来，许多名流以其肤浅的知识胡乱鼓吹，胡乱倡导，真正造恶不细。梁任公颇自承有些误人，亦是不可及处。

先生游圆明园故址，吾随侍。先生语我曰：昔余不信人生有自由，因为一个人在未生已前，早经旁的东西把他底生命规定了。你若不信，试想你底一切知虑、情感及行为，那有一点一滴不受社会上学艺、政教、风俗、习惯与其他各种固有的势力底陶铸？易言之，你底整个的人生都是社会造就的，社会是一个鸿炉，也是一个造化主，他在你未生已前，早先安排了种种模型，使你生来便投入模型中，你底种种活动，无非依着这模型做些填实工夫，如此说来，人生那得有自由？问：先生今日意思如何？先生曰：如今又觉得人生真自由，何以故？自由是相对的名词，在限制之中，而有自强自动自创，以变更不合理的限制底余裕，这才叫自由。若是无限制，又从何见出自由？社会底种种模型，固然限制了我人底生命，但是我人如果不受他底固定的、不合理的限制，尽可自强起来，自动起来，自创起来，破坏他底模型，变更他底限制，即是另造一个新社会，使我和我底同类都得展扩新生命。如此岂不是人生有大自由么？又曰：中土圣哲是主张人生有自由，如《易》与《中庸》说圣人范围天地、曲成万物及位育参赞等功用，你看他主张个人自由的力量多么大。晚近诸儒也尝道个人有转移风会的能力和责任，亦是主张自由。我们若是把个人屈伏于社会，使得大家凑成一副死机器，便与宇宙变动不居的生机大相违戾，是大不幸的事。

问：若极端主张个人自由，莫亦有弊否？先生曰：且如汝一身五官百体，那可有一部分失掉他的作用？社会元来是复杂的，是千差万别的，不是单纯的。各个人任他底意志和思想技能自由的充分发展，即是各方面都无欠缺，成功一个发育完全的社会，如何不好？又曰：如果抹杀了个人的自由，则社会里之各分子，其最大多数变成机件，将由一部分特殊势力崛起而摆弄之，刍狗万物，莫此为甚。又曰：社会每为暴力劫持之，以辖轹个人，使个人敢怒而不敢言，是极悲惨事。

问：先生既主张个人自由，却赞许圣人曲成万物及儒先转移风会等说，在圣人或哲人有如此伟大底功用，诚哉其自由矣，而被曲成、被转移者，得毋为刍狗耶？先生曰：就人底本性说，元无差别。然人之形则各自天成而不能齐等，天者，自然之谓。故智愚仁不肖，各因形限，如智愚即由脑筋襞积繁简分。千差万别。人类中，大智大仁不常出，下愚极不肖亦不必过多，唯中材居大多数耳。无论人类若何进化，这种差等系根据于造化无心而法尔不齐之生理以成区别，终是无从去掉的。法尔犹言自然。若以为将来进化时代之愚不肖比于现在之愚不肖有进焉，则理之所可。设谓将来进化时代，其人皆大仁大智，一味平等，而无所谓中材及愚不肖者，是非痴人说梦乎？据此以谈，则总总人类之中，竟未得有泯除差等之一日，而所谓愚不肖或中材之人，即皆赖有圣哲为之曲成焉转移焉，此事理之所固然而无容疑也。要其所以曲成之转移之者，其道如何？则《中庸》一语尽之，曰“以人治人，改而止”。朱子《集注》曰：“君子之治人也，即以其人之道，还治其人之身。其人能改，即止不治。盖责之以其所能知能行。”《语录》曰：“人人本自有许多道理，只是不曾依得这道理，却做从不是道理处去。今欲治之，不是将他人底道理去治他，又不是分我底道理与他，他本有此道理，我但因其自有者，还以治之而已。”又曰：“未改已前，是失却人道。既改，便是复得人道了，更何用治他？”朱子解释此义极为精审，准此，则所谓曲成之转移之者，不是以一己私意去作弄他，或宰制他，只是以其人自有底道理还以治其人之身，能改则止。如此，何曾刍狗万物？若是以己意去作弄他、宰制他，使得他没有自己，那才是刍狗他了。至如被曲成、被转移者，虽藉他人提撕扶助，而确是以自力寻得自有底道理而自践之，及其成功，与圣哲无殊。这是多大的自由，又何曾做过刍狗来？问：人既限于形，何以治之而能改？先生曰：人底本性元不因形之偏而有差失。先生又云：形之所以成其为形者，性也。形既成矣，便是性之所表著，而形不即是性。然性自在形中，与相默运，离形无别性在。如稻禾之所以成其为稻禾者，以谷核中一点生机也，稻禾既成矣，便是生机之所发见，而稻禾不即是生机。然生机自在稻禾中，与相默运，离稻禾无别生机在。形性之分极难会，故强取譬以明之。只要人能努力，他底本性是好的，是可以改其愚不肖而进于仁且智的，形自然限他不得。唯中材已下之人，很容易安于暴弃，难得不受形限，所以须要有人治他。问：人既有形限，何以得相感通？先生曰：形虽有限，性是一体，不曾尔我性上可分疆界，一体如何不感通？先生又曰：历史上底英雄思想，是以一己私意或野心去作弄或宰制他人，这才叫做刍狗万物，是进化时代所不应有的。

问：极端的个人自由主义，恐流于为我，而不知有社会，如何？先生曰：社会即各个人的总体，个人与个人之间无形地默默地有一种钩锁，所以聚总得拢而成功一个社会。这钩锁就是人的天性，或曰本性。元来无形骸之间，无尔我之分，社会赖有此钩锁作他成立的根本条件。虽则许多学者底眼光里不肯承认有此钩锁，然这道理不因人的承认才有，亦不因人的不承认便无。我也不说社会所以成立，除此根本条件外，再不得有其他的条件。人生来有实际生活，利害问题非常重要，也是驱率他去做合群的勾当。所以利害问题亦是社会成立的条件之一，但不是社会成立的根本条件。如稻禾之成，须具种子、水土、空气、日光、人工等条件，而种子独为根本条件。故根本条件之意义极严格。然而许多学者的眼光只看利害，不曾思量有超越利害的天性，这样廮弃人生之所固有，低减人生之无上价值，生心害政，适足陷社会于混乱或分崩的惨运。话到此，似牵远了。我以为个人只要不汩没他底天性，尽管自由，决不至流于为我之私，害及社会。须知自由便顺着他底天性去发展，所以他底生活力充实，不受任何逆理的阻遏。至如为我之私，正是生活力欠充实才落到小已底利害上作计较，这是因为不自由才显现出来的。故汝所虑个人自由其流为我，决无是处。

先生曰：印度外道有说植物有生命、有知觉，佛家力破之。实则外道所说近是。一友曰：佛家戒伤生，设许植物有生命，便非绝食不可，此其所以不许之故欤？先生笑曰：莫须有此意。又曰：佛家不肉食自好，若谓植物有生命，将亦不可食，则未免太不近理。天下事那可推类至尽？推到尽头，便没行处。又曰：植物供动物滋养，也是造化之妙。先生徐曰：不是有造化者。问：人食动物，毕竟不合欤？先生曰：看他和人一般感觉痛痒，似不应食之。且人食动物之习惯，自是从兽性遗传得来。

今人都不感觉他底本心陷溺已深的痛痒。

今人都失掉了本心，只一味逞嗜欲，奢淫无度，贪求无厌。使意气。安其危，利其灾，乐其所以亡者。

问：昨闻先生讲唯识，说人各一宇宙。此理初聆之似茫然，后来静思得之，却甚平常。如甲乙二人同时比肩并立看着一杯子，实则甲看的是甲底杯子，乙看的是乙底杯子。因甲和乙虽同时站在一列的空间，但左右底距离已不同，而各人神经感触的速率亦不同，光线的接触互相差殊，所以甲乙两人的杯子实在不为一个。只此便是人各一宇宙底道理，先生以为如何？曰：这段话自是，却须知吾所谓人各一宇宙，是据染识分上说。此识受了染污故名。染识便各不相通，所谓人心不同如其面者即此。若论清净本心，便是一体流通，那得互相隔障，成许多宇宙？且如稷思天下有饥者，犹己饥之也；禹思天下有溺者，犹己溺之也。汝道禹、稷是与天下人为各一宇宙否？

一友问：佛书言，成佛则五官可以互用，似太神话。先生曰：理亦平常，何神之有？且如眼之为官利于视，不利于听；耳之为官利于听，不利于视。官之有所利，有所不利，非天然也。只是生物发达到能用视听的时候，因色声关系于他的实际生活太密切，所以专用眼视色，专用耳听声，同时眼耳两官亦遂各如其所专用而构成之。实则眼有视能，即有听能乃至触能；耳有听能，即有视能乃至触能。鼻舌身官以此类推。

林宰平先生曰：希腊至今二千年，一个心物问题闹得不休。先生曰：尽未来际，还闹不休。宰翁去，一友问：先生对心物问题有解决否？先生曰：吾自有解。曰：可得闻欤？先生曰：俟《新唯识论》出，读过此书，方好商量。问：先生既已解得，刚才却与宰翁说永远闹不休，何故？先生曰：岂只我今日解得，古来自有多少人解得，却有一般不得解的人还在那边狐疑、猜想，胡乱地闹个不休。我自信我解得了，却不敢必人之相信。问：哲学家谈本体者，其说纷纭不定，足见本体并没有客观性的实在，只凭各人脑筋杜撰出来。先生曰：哲学家杜撰另是一事，本体却是实在的。然而不是一物，未可说为客观性；不依想立，亦未可说为主观性。哲学家用知识去探寻本体，毕竟我们知识的能力可否得着他，这里大是疑问。如果因为知识得他不着，便道他不是实在的，这样未免太粗心了。又曰：哲学家若徒用知识去推度实体是如何如何，自然错误了。又曰：说到实体，元无内外可分。把他看作外面底物事从而推求他，自不相应。虽始学不能不在知识路上转折几番，要未可长自误，却须做鞭辟近里切己工夫，到深造自得、居安资深、左右逢源的时候，才忽然见得自身有一个主宰，不是神识的意义，勿误会了。这个意义，向深处说，便深之极，若就浅处说，亦复寻常，只人不肯居下流一念，便是这主宰发现。浑然与物同体，不见天地万物是外，不见己身是内，此内外两无，不是以意为之，直是事实如此。且如开眼见着山河草木，他元不离眼见，故非外。既无外，别无内。健行不息。实体即是健行不息的，天以此而成其为天，地以此而成其为地，一切有形无形的物事，皆以此而成其为物事。乃至孔子亦以此而成其为孔子，所以发愤忘食，乐以忘忧，不知老之将至。孔子是见得他底实体，自然如此。寻常人只是物化了，把他底实体汩没了，和他道孔子这般生活，他也不理会。所谓“等闲识得东风面，万紫千红总是春”者，差可形容。这种真理，是人人固有的，只为百姓日用而不知，学者求知而每不得其用力之要，故能自知而自信者亦寡矣。“不识庐山真面目，只缘身在此山中。”汝计为没有客观性的实在者，亦有以也。立民按：此段却是东土哲学正法眼藏。

一友问：哲学家每有反对知识者，尊意云何？先生曰：哲学不应取反知主张。生物进化至人类，知识才发达，如欲反知，是将率人类而为混沌氏，未见其可也。张立民因问云：昔尝闻先生曰，哲学科学各有领域。科学站在经验的范围内，把一切事物看作客观独存的，用理智去摹准他，率循他底定律法则等等而甄明之，犹如摹绘准确不妄。剖析他，所以是纯粹知识的。哲学所有事者，要在剥削经验界的一切杂染而证会实体。证会者，盖吾之良知即是实体。良知炯然自知，便云证会。此知无分别相，不于实体作外想故，所知能知是一事而不可分故，故阳明指良知为实体，此体是自明的故。斯则知识在所必摈，以知识从经验界发生，是行于物理世界的，不得冥极实体故。冥极实体者，谓若证会实体时，即已荡然离一切相，无内无外，无我无物。盖通物我内外，冥会一源，至极无待，故言冥极。虽世有主张哲学是综合各科学的原理进而为实体之探讨，故亦是知识的云云，然而为此说者不辨哲学科学之异趣，却把实体看作外界物事，用知识去推寻，如何能证会得实体？极其能事，不过窃取各科学底材料，以意穿凿，而组成一个系统，自圆其说，著之文字，号为一家之学而已。这段话乃我所旧闻诸先生者，今乃谓哲学不应取反知主张，然则今是而昨非欤？先生曰：言说随机，异其详略，未尝是今而非昨也。夫冥极实体，廓然无物，此盖明智之极诣，决非知识所臻。于此言之，反知可也。而学者不到此诣，便不信有此诣，辄在知识窠臼宛转自足，人生徒沦陷于经验界，恒物化而不得超脱，乃困而不求通，迷而不知复。则且闻人言，有迥超知识之明智境地，而即诋之以为神秘，其以反知为大骇，固其所也。然复须知，所言反知，只就冥极实体处说。谓此为明智所证之境，知识效力不得及此，故反知自有限度，要不容极端排斥他了。原来所谓明智，就是个证体之智，证者证会，见前。换句话说，智即本体。此语吃紧，明智亦省称智。大抵中土学者靡不归趣于智。上稽晚周，虽百家蜂起，要以儒、道、名、法为大宗。法家务在用世，名家竞尚思辨，斯二者无与于智。法家后来亦有宗道家以谈本体者，《管子》及《韩非》书中并见之。《管子》虽伪书，要是法家所托。韩非《解老》，纵不出韩非手，亦必韩非之后学所加入者。道家者，其言要以识本体，故主智而反知已。庄子谈体以亲切处，亦拈出真知二字与人自会。真知即明智之谓。若乃如识，则庄子所极端反对者，老氏亦而。儒家自仲尼，其学亦以识本体为极，而明显此体以示人，则曰贞观贞明。贞观贞明者，智也。《易》曰："天地之道，贞观者也；日月之道，贞明者也。"此则以贞观贞明言本体，而假天地日月之象以明之尔。《易》者象也，设象以见意义。唯尼父规模恢宏，智以统知，本末融摄，明智本也，知识末也。明智恒为主，则知识莫非明智之用。而未始唱反知之论，故其弟子多能通六艺者。迄夫宋明诸儒，推本孔门，和会于释老，壹皆即智以言本体。依智不依识一语，为佛家诸宗所共守之法印。其所谓识，便相当于世间知识。其所谓智，虽与此土儒道不必同旨，要之，智皆就体上说，是固有的，是超知识的，则大概不相殊也。周程咨其绪，《通书》与《识仁》《定性》诸篇，都没有说由知识可以得到本体的，却都是主智的。易言之，智即是本体。如《通书》以诚、神、几言本体，虽不曾明提出智字，实则言诚而智在其中。所谓诚则明也，神者言乎智用之妙也。几者善端将见，亦即智而言也。《识仁篇》说存久自明，仁亦智也。《定性书》说天地之常以其心普万物而无心，圣人之常以其情顺万事而无情，恰好写出一个智底体段来。末后谈工夫下手处，要于怒时观理之是非，正是指出智来做用功把柄。至阳明时集其大成，始拈出良知二字。良知，智也，中土底形而上学，到阳明手里，才发挥尽致了。人只见他易简，不知他所以得到易简者，却甚繁难。谈至此，可知我所以说出明智底来历。这个不是要守传统思想，因为本体决不是由知识可以得到的。须知本体不能看作外面的物事，只可在你本心之明处扑着他。本心之明，即谓明智。又复当知，本心即明，而言本心之明者，因说话要用个主词故。所以前面说，智即本体，这个道理千万要虚心去理会。你若悟得智即本体，应该明白反知底意思了。因为知本体的是智，而智还即是本体，若要得到这个智，只要不坠失本体而已。这工夫全在存养。《孟子》所谓“反身而诚”，《记》所谓“庄敬日强”，《识仁篇》所谓“以诚敬存之”，皆是也。如此说来，却用不着知识。岂唯用不着，知识直是障碍这个道理的。因为知识是行于物理世界，不免物质化的，而这个道理却不可以物推观，正须屏开知识，措心于虚，方始会得。记得李延平称道吕与叔《中庸解》一段甚好，颇足发明这个道理。吕云："谓之有物，则不得于言；谓之无物，则必有事焉。不得于言者，视之不见，听之不闻，无声形接乎耳目而可以道也。必有事焉者，莫见乎隐，莫显乎微，体物而不可遗者也。学者见乎此，则庶乎能择乎中庸而执之隐微之间。中庸就是智之形容词，这智是不偏倚于一物的，故谓之中，是历万变而其则不可易的，故谓之庸。此不可求之于耳目，不可道之于言语。然有所谓昭昭而不可欺，感之而能应者，正惟虚心以求之，则庶乎见之。"学者且熟玩这段话。大抵学者一向为知识蔽塞，无缘识得这个道理，却要教他莫将知识来推度这里。须知这里正是不可求之于耳目，不可道之于言语，那是知识所及的物事？我所谓反知者，就是在这里说反知，然而我底反知也便止于这里。所以，反知有个限度，不同老庄极端反知的。何故不可极端反知？现在要把这意思说明。我们须知，本体非他，即是吾人固有的明智。说到明智，似乎已是作用，不得目以本体。然作用即是本体之显，故于此而说为体。宗门云作用见性是也，此义深长，姑勿论，今直谈明智。这个明智固是浑然虚明，无知而无不知。无思，无为，寂然不动，故谓无知。能发万善，能肇万化，能应万感，故谓无不知。如此说来，好似只返求诸固有的明智而已，一切具足，何待要后起的经验得来底知识去填补他。黄梨洲讥朱派学者全靠外来闻见以填补其灵明。殊不知才作如是解，便已堕入偏见去。说明智无不知者，只道他有这个功能。若是我们孤守这个智，正使保聚凝摄，令其常惺惺而却不向经验的世界里去征验推度许多事物之理，如此无所事于知识，不审明智，对于这许多事物之理自然会知道否。明智虽有其无所不知的功能，而辨析事物之理毕竟要靠经验得来底知识，这是毫无疑义的。所以极端反对知识是大谬特谬的主张。不过吾人若不曾识得明智而徒事知识，则不免玩物丧志之病。若已见得明智，即一切知识也是明智固有的功能所应物而发的，易言之，知识便是明智之用了。他日，先生又语予云：孙卿批评庄子，说他“蔽于天而不知人”，可谓一语道破。庄子才于本体有所见，便玩弄光景去，庄子言天，即谓本体。却未将这个道理融浃到人生日用里来。知识不可得着本体，庄子于此见得甚彻，此所谓明于天。人生在经验的世界内，少不得知识，如果孤恃着固有的明智，不去穷尽事物之理，即本体上亦有障塞不可通行处，这便是他蔽于人。晚世物理明而人道亦多新发见，皆知识所创获，否则犹如塞陋之世，将视贫之受制于富、女之受抑于男，为人道之当然，岂非斯人明智的本体尚有所障塞而不可通行者乎？问：阳明反知否？曰：阳明言致良知。他下致字，是要致之于事事物物的，如此却未弃知，只是由本及末。智是大本，将这智推致之事物上而得其理，便成知识，而此知识却是末。不过阳明弟子便失掉师门宗旨，都走入反知路向去。聪明者为狂禅，谨厚者亦只务践履而惮于求知。这是王学底大不幸事。

哲学，大别有两个路向：一个是知识的，一个是超知识的。超知识的路向之中也有二派：一极端反知的，如此土道家是；一不极端反知的，如此土晚周儒家及程朱阳明诸儒是。西洋哲学大概属前者，中国与印度哲学大概属后者。前者从科学出发，他所发见的真实，只是物理世界底真实，而本体世界底真实，他毕竟无从证会或体认得到。后者寻着哲学本身底出发点而努力，他于科学知识亦自有相当的基础。如此土先哲于物理人事亦有相当甄验。而他所以证会或体认到本体世界底真实，是直接本诸他底明智之灯。易言之，这个是自明理，这个理是自明的，故曰自明理。不倚感官的经验而得，亦不由推论而得，所以是超知识的。又复应知，属于后一路向底哲学家，有用逻辑做他底护符。如佛家大乘空有两宗都如此。更有一意深造自得，而不事辩论，竟用不着逻辑的。中国哲学全是如此。

庄生云："知止乎其所不能知，至矣！"此谓本体是知之所不知处，知即止于此而不可妄求也。这话说得好。"吾生也有涯，而知也无涯，以有涯求无涯，殆矣！"此话易引人入惰废，殊丑差。

李笑春问：王阳明言"心即理"，此义如何？曰：伊川首言"性即理"也，至阳明乃易其词，而唱"心即理"之论。其时为朱子之学者，则宗朱子《大学格物补传》，而主理在物，非即心，以诋阳明。于是阳明益自持之坚，以与朱派之学者相非难。实则朱子《格物补传》，亦宗伊川。伊川尝说"在物为理"，阳明却道这话不通，要于"在"字上添一"心"字，说"心在物为理"才是云。原来伊川言"性即理"，自与认识论无关。伊川谓性即实理，便就本体说。后来阳明说"心即理"，才涉及认识论。而他却严密有组织。他说心之发动名意，意之所着处为物，既无心外之物，矧有心外之理？照他底说法，物是与心俱在的，不是离心独存的。语录时见此意。心寂则物与之俱寂，心起则物与之俱起。心寂时无分别，心即是浑然纯一的理，同时令物成为有此纯一的理底物。心起时有分别，心即成功了这一起底分殊的理，同时令物成为有此分殊的理底物。立民按：这段话引申得煞好，不可粗读过。所以他不许外心而求物理，因为在物之理即是心，除了心便没有理。阳明壁垒森严，虽不肯作理论的文字以发表其思想，而我们由他底语录中可考见他底哲学是有精整伟大的系统的。他底学说虽不免有缺憾，而朱派的攻击都是胡涂地乱嚷，全不中他底病。在他底哲学上不许物离心独存是当然的，但物只不离心，而仍非无物，他底极端的“心即理”说未免太过。没有心，固无以见物之理，然谓“心即理”，则理绝不因乎物，如何得成种种分殊？即如见白不起红解，见红不作白了，草木不可谓动物，牛马不得名人类，这般无量的分殊，虽属心之裁别，固亦因物的方面有以使之不作如是裁别而不得者也。而阳明绝对的主张“心即理”，何其过耶？又讲哲学者，应该认定范围。物不离心独存，此在哲学另是一种观点。若依世间底经验说来，不妨承认物是离心独存的，同时不妨承认物自有理的。因为现前事物既不能不假定为实有，那末不能说他是诡怪不可把捉的，不能说他是杂乱无章的，他自有定律法则等等令人可以摹准辨析的，即此定律法则等等名之为理，所以物自有物之理，而非阳明所谓即心的。伊川“在物为理”之说，按之物理世界，极是极是，不须阳明于“在”字上添“心”字。心不在，而此理自是在物的。阳明不守哲学范围，和朱派兴无谓之争，此又其短也。吾今日因汝之问而答之，哓哓不已者，则以“心即理”与“理在物”直是朱子阳明两派方法论上之一大诤战。主“心即理”者，直从心上着工夫而不得不趋于反知矣；主“理在物”者，便不废致知之功，却须添居敬一段工夫，方返到心体上来。朱学以明体不能不有事于格物，主张甚是；王学力求易简直捷，在哲学上极有价值，惜不为科学留地位。

立民问：先生尝言，明智虽是人固有的，却因形拘习囿，锢蔽甚深，不得显发。然立民以为明智之存乎人者，固未尝有一瞬之或熄，似不当谓其绝无显发时也，如太阳为阴曀所蔽，然阴曀中亦非绝无阳光者。先生曰：此说固是。然阴曀中底微阳与皎日比较，这个差别太远了。显发云者，如皎日丽天，更无些子蔽障。取喻不能尽符。阳光显发之后，仍屡有蔽障起，若明智显发，则不再受锢蔽矣。阴曀中底微阳不曾显发，毕竟是阴曀世界。明智乍动于锢蔽之中，如梦寐不相接续，如何说得显发？佛说众生无始已来颠倒，凛凛可畏。只为将固有的明智锢蔽了，所以如是颠倒。

立民问：知识的来源自是先天底理性的活动力，先生纯归之经验，何也？曰：先天底理性的活动力，本不可否认，他当然是明智的功能，没有他，不会成功知识，我非不解此事。然而我以知识来源归之经验者，此必有故。汝试设想，若把我们底日常经验剥夺得干干净净，空剩下先天底理性的活动力，看他会发生知识否？须知经验的所有，就是模型。所有，谓所经验的。详后注。知识便依着这模型摹写出来。没有经验的模型，哪能凭空制造知识？至于先天底理性的活动力，可以说是摹写的画师，不过画师摹写底时候，他底自身也没入模型中去了。易言之，他也化作模型了。所以绝不是明智之本然。在理论上，经验似应分能所，能经验的，可说即理性的活动力；而所经验的，就是客观事物底自相或共相。而事实上，则能随所转，直是有所无能。或曰：吾人对于经验的材料，不过是一种意义，此言不是事物底自相、共相亲现于脑际故也。何不可说经验唯是能知？殊不知这种意义完全物化了，谓此意义全现似物之相，即其自身已化于物。毕竟是所非能。总之，知识是从经验而发生，并随经验扩张而滋长。若乃理性的活动力，固埋没于经验的所有之中，不曾超脱于其外，所以说经验是知识底唯一来源。问：知识既是从经验得来的，是不能超物的，如此岂不为明智之障？曰：这个障是事势所不能免的。人底理性何曾甘埋没于经验界？不过他在实际生活方面，不得不顺应周围底事物。元来只合恰恰顺应，却因顺应而遂埋没于其中，便是人生底大不幸了。然而人自有本来的明智，只要锢蔽不过于深重者，便时有一种旷观游履高明，能照见他底知识是化于物的，是限于经验界的。这个旷观就是明智的乍现，只惜暂而不常，不是明智显发的境地。若涵养有素，常得明智现前，则不妨于经验界极尽其知识之能事，而亦自有超脱的气味。

先生曰：《论语》“君子无终食之间违仁，造次颠沛必于是”，这是何等精进的工夫，何等充实的生活。人不宜妄自菲薄，要振作起来，亦无难事。立民因问仁即明智否？曰：仁智不二，只是本心显现。从其无私说为仁，从其不惑说为智，其实一也。

笑春问：明智与良知说不异否？曰：本无异旨，彼此见到真处，何堪立异？然吾不仍良知之说而言明智者，则亦有故。良知一词，似偏重天事，明智则特显人能。《易》曰“圣人成能”，这个意义非常重要。人只要自成其为人之能，此语吃紧。不可说天性具足，只壹意拨除障蔽就够了。先儒以为良知本来自足，但把后天底染污涤尽，而其本体之明自然显现。宋明儒者都是偏于这般主张，此与晚周儒大不同处，当别论。我也承认天性是具足的，是无亏欠的，无奈人之生也，形器限之，他既限于形，就难把他具足的性显现出来。你看自然界，从无机物到生物，乃至从动物到人类，从人类到其间底圣智，一步一步渐渐改造他底形，解放他底形之限，完成他自己底能，才得显现他底性。如果没有成能工夫，从何处见性来？老实说，成能才是成性。性之显乎人者具足与否，就看其人成能之小大强弱。成能小而弱者，其性分便亏损；成能大而强者，其性分便充实。此中言强者，不是强暴之强，乃日进于高明而不退坠之谓。若强暴之强，正是颠倒退坠，正是弱也。这是从自然界底进化可征明的。先儒多半过恃天性，所以他底方法只是减。明道说："学者今日无可添，只有可减，减尽便没事。"此虽明道一人之言，实则宋明儒大概都作这种工夫。他们以为只把后天底染污减尽，天性自然显现。这天性不是由人创出来。若如我说，成能才是成性，这成的意义就是创。而所谓天性者，恰是由人创出来。此非我之私见，上稽晚周故籍，《易》曰："圣人成能。"又曰："成之者性也。"又曰："成性存存，道义之门。"乃至孟子言性善而主扩充，荀卿言性而曰"善者伪也"，伪，为也，非虚伪。都可与吾说相印证。夫天性是固有的，何可说由人创得？且是具足的，又何待人创得？不知固有具足云者，原夫人之所以生之理，初非有待于外而诱焉自生，不谓之固有具足焉不得也。若乃当其有生而即性以成形，形既成矣而日趋于凝固，性且受范于其所成之形而流行或滞，则形有余而性若不足矣。况复人有是形，而其惑也忽与形俱起，则又听役于形体以与物相靡。目靡于色，耳靡于声，口靡于味，意念靡于货财等等，由此而化于物，将他固有具足的天性剥丧了。虽剥未至尽，也不过保留一线残余，如草木摧折之余，仅有一点萌蘖。所以《大易》立乾坤，以阳显天性，以阴显形体，阳数奇，阴数偶，阳少阴多。盖人生总受限于形体，形累日甚，结果把他所以成是形者之天性剥丧到最少，甚或等于零了。人只有一副顽固的形，他底天性、本心、明智，不过是残余的萌蘖，所以唯物论者不承认有心了。吾人若不积极的利用这点萌蘖去努力创生，若火始然，若泉始达，而徒消极的减去染污之足为害者，则安可望此萌蘖之滋长盛大，若火势燎原，若泉流洋溢成江海乎？减的工夫亦不可少，然一味注意减则不可。或问：宋明诸大师岂徒用力于减而不知创者乎？曰：此固难言。若全不解创，他如何生活得下去？即以其文言考之，自有时说到创的意思。不过他们底根本主张总是偏于减的，所以他们的末流不免空虚、迂固抑或狂废，绝少活气。吾侪今日求为己之学，只有下创的工夫。凡言创者，皆有所依据凭借以为创也，不是突然凭空撰出甚物事而始谓之创也。汝自有残余的天性底萌蘖幸未斩绝，此便是汝所可依据凭借以为创者。这个萌蘖如丝之端绪，握着这端绪，便创出无限经纶来。若不去创，则端绪虽具，也没有经纶。创只要不懈息。若问何得不懈息，且思如何是懈息。当知懈息，即无心也。心者即前所说萌蘖，无心即无这萌蘖了。才觉得心亡失，没感发，没新机，即已化于物而成乎槁死，便努力振作，直从枯木生华、死灰发燃一般，将令新新不竭，有施于四体不言而喻之乐矣。故夫人之有是天性也，本心也，明智也，自人创之而已。若过恃固有具足而徒以减除物欲为功，则夫物欲者亦斯人生生之具，岂其皆恶害而皆可减哉？纵减到至处，亦将明于天而蔽于人矣。故吾之为学也，主创而已，此乃吾所切验而亦征之孔孟遗训以得其符者也。故吾言明智，与阳明良知说有不同者。彼以良知为固有具足，纯依天事立言，而明智则亦赖人之自创，特就人能言也。故阳明可以说草木瓦石有良知，而吾不能谓草木瓦石有明智也，此其与阳明异也。然吾之说明智又有与阳明不异者何也？明智之端绪，即斯人残余的天性底萌蘖，此在阳明谓之良知。阳明初言致良知，盖亦见其为萌蘖，故言致也。后来他却说向深处去了。故据端绪而言，亦可曰明智与良知殊名同实也，吾不能与阳明异也。昔者阳明自谓见到良知“为千古之一快”，见《书魏师孟卷》。以其理之至近而神，故人恒易忽而难悟也。近故易忽，神故难悟。呜乎，人有生而顾昧于其所以生之理而不知求之，有亡其鸡犬则知求之，是独何心哉？立民按：宋已来儒者都是明于天而蔽于人，用功多着意于消极方面。先生揭明形之累性而归于创性，却不须绝欲以见性，真发前贤所未发。

先生常教人努力向上。立民因问曰：如何是向上？曰：且思如何是向下？夫过徇躯壳之欲以丧其心者，是谓向下。躯壳之欲，未即是恶，未即成丧心之害，而其终于恶，终于为丧心之害者，则以过徇故耳。过徇者，自溺而无节，亦必损人伤物以求逞无餍之欲，乃以自戕其生理而不觉也。则不累于躯壳而有以识其本心萌蘖处，常使之展扩得开者，斯为向上。学者未遽识得本心，且努力将自家胸量放开。放开胸量，才识本心。又曰：须是本心作得主，则欲皆从心而一裁于义以莫不至当。戴氏言欲当为理，却未省欲如何当。

本心虽是一点萌蘖，扩充得开，天地变化，草木蕃。

一日，先生语同学曰：日常用力，涵养得凝聚清肃气象，即见萌蘖的心息息滋长。一人问：谁见得？曰：心自见。曰：刀不自割，指不自指，如何心自见？曰：刀不自割，指不自指，所以心自见。其人益惑。先生曰：汝道心是顽然一物否？

李笑春问：先生所言本心，心理学家却不承认，奈何？曰：本心者，生生不息的实体也，是人之所以生之理也，是人之一身之主也，人人固有之，而不能自发见之。昔者朱子盖亦辛勤用力，年三十七而后稍有以自明。《与张钦夫书》曰："验之于日用之间，则凡感之而通，触之而觉，盖有浑然全体应物而不穷者，是乃天命流行生生不已之机。虽一日之间，万起万灭，而其寂然之本体则未尝不寂然也。"又曰："而今而后，乃知浩浩大化之中，一家自有一个安宅，正是自家安身立命主宰知觉处。"先生曰：此言一人之心自是一个完整的实体，无有亏欠，切莫误会到神我或神识上去。又曰："通天下只是一个天机活物流行发用，无间容息。"又曰："即夫日用之间，浑然全体，如川流之不息，天运之不穷耳。"朱子恳切言之如此，学者以其言而反之于己，抑其粗心浮气而验之于操存之间，当不难自见之而自信之矣。然此所谓心既即本体，自属哲学范围，殊与心理学不相涉，其不能承认也固宜。问：先生言心主乎身，然自心理学观之，则所谓心者，似是脑筋底副产物，何其相反太甚耶？曰：心底发见，固必凭借神经系统，未可即以心作用为脑筋底副产物也。脑筋只是物质已耳，心力何等灵妙。深广的思想，精严的论理，幽邃的情感，这些形容不到的神秘，岂是一块物质产得出来？尤可异者，愚夫愚妇都知道他不过数十寒暑底生涯，而他总有充盈的生意，作无穷无尽的计划。许多学问家、事业家、艺术家等等相信天地终归毁坏，人类一切伟大庄严的创造将与天地同毁，然而他并不以此灰心，仍努力创造不已，满腹无穷无尽的希望。这种古怪，又岂是物质发生底？如果物质是这样玄之又玄，众妙之门，那末物质真是大神，便不成为物质了。人人有个心为他一身底主宰，这是绝对不容疑。心理学家预先拿定神经系统以为说明心作用底根据，而用治物理的方法来甄验他、分析他，结果自然把心作用讲成物质作用了。学问殊涂，须各认他面目，不要作无谓抵触。

友人或疑明智之说。先生曰：明智者，元来只是萌蘖的心底一点微明，却因日常存养工夫精纯不懈的长养，他底势用便逐渐增盛以至圆满无亏。如西沉之日，渐升自东，初小如盘，渐达中天，大明遍照，这不是无而忽有、傥然突来的东西。人人有这家珍，只是不曾发掘，所以不敢自信。又曰：吾人亦间有丝毫不假推度、直下明白那事理的时候，这也可说是明智的乍现，只不得继续。这个就是前所说底微明。尚未成功为明智，却也不妨叫做明智，因为明智便是从他扩大的。记得象山《语录》有云："某昔见人，一见便知其是不是，后又疑其恐不然，最后终不出初一见。"王船山《易传》说，人底初念是最明了的。章实斋也说，道理有最初突然识得，及经多番思考，转益昏眩，后来还觉人识最初，终不可易。他三人所说底话，我自家也觉得如此。那个最初之知，以是创起，初念之动，故云创起。或距创起不远，过去忆念未甚参入，亦无粗动推想，直是明白纯净，烛理照境，自尔分明。这个相貌，不妨强说为明智底相貌，只未扩展得开，故不能继续。或曰：佛家根本智，亦是这个否？曰：佛家似说得高玄，不欲援拟。又曰：我已说过最初之知了，还要附说一句，你们要得到那最初之知，须先理会得自家尝有个初念没有。若是清明在躬底人，他底心是念念皆新，即念念皆初。所以，神解明利，对于已前未发见底或种道理、或种事情，如今碰着了，就在最初碰着底一会儿，把他迎刃而解。这个最初之知，就是由他念念皆初，故能如此。至若一般人底心，念念是旧习缠缚，即没有初念，哪得有最初之知呢？言已，闻者悚然。立民按：末段难得解人。

先生语立民、笑春曰：日常每觉得精神散漫，即没有心在，只是完全物质化了，所以收敛精神是为学切要工夫。这工夫虽少不得静坐，然而好用思想底人，静坐反不妙。才坐着，脑筋里便有许多思虑纷纷跳跃起来，不由人制伏得。我尝以此为苦，始知静者不是讨个静境便得。往往静室瞑目端坐底人，实住在甚嚣尘上底世界。后来转向动中理会静的意思，始有入处。每日把静坐的时间改用之于动，或临流观水，或登高苍茫望天，渐觉思虑澄清，煞有滋味，时有所悟，却不曾劳索，从此确信《大易》变动不居底道理，可以应用无穷。学者如果屏动求静，便成大错。须知静者只是动之静，动而不纷不乱之谓静也，绝不容有屏动之静也。周濂溪说：“动而无静，静而无动，物也；动而无动，静而无静，神也。”这话极透，却向你们道，还要解释。濂溪意谓，物件是死的东西，如使他动时，他只是动，便没静；如使他静时，他只是静，便没动。至若动而无动，则是即动即静也；静而无静，则是即静即动也。此动静合一之妙，非可以物推测，乃神之不可度思者也。然而我要解释的，却是动静字义。物底动，是依使他动底力之大小，经历若干时间，通过若干空间，才叫动；物底静，是依地心吸力使他安止于其所占据的空间而不移，才叫静。至若以神言动静，则此动静两字与在物上说底动字静字，其意义完全不同。凡字底引申义与本义，往往有绝对的不相侔者，此语言演变之势也。这动字静字都不含有时空的意义，更没有旁底力使他动静，他就是自己如此而即动即静、即静即动的，所以谓之神。动以言其非固定的物事，直是变化不穷；静以言其极变化不穷而又有则而不可乱也，顺自然之则，而不乱故静。只此谓之神。这神不是宗教上底神，盖即形容吾心之妙而已。若乃动静乖分，随有所滞，则是丧其心而失其所以神，故下同乎物耳。又曰：记得张东所叙陈白沙先生为学云，自见聘君归后，静坐一室，虽家人罕见其面，数年未之有得，于是迅扫夙习，或浩歌长林，或孤啸绝岛，或弄艇投竿于溪涯海曲，捐耳目，去心智，久之然后有得焉。盖主静而见大矣，白沙即于动中得静。

问：儒先言“变化气质”，大抵从偏处下自克之功，先生以为然否？曰：如令自克，亦未必佳，何不从他偏处引令向上？如偏处在刚，此属血气之刚，不是道气之刚。也是他体质上底一种长处，正不须消磨，只使他利用这偏长底刚去进德修业便佳。若偏处在柔，亦是他生来底长处，叫他矫拂这柔去学刚强，却恐失其故步，亦不济事。尽教他努力德业，成就一个温柔敦厚底人，岂不甚善？总之，先儒处处有减的精神，所以对于气质偏处，要克要矫，这样极有弊。

问：好名心极难克去，如何？曰：好名心底本质就是个好美，正是天性底发现，不容说坏得。“见贤思齐焉，见不贤而内自省也。”这个才是真好美的心，亦即是真好名的心。如此直须扩充，岂容克去？若夫不务实而求炫于外者，这不是能好名底人，只是庸凡卑屑人，力量不足，亏乏于内，诳耀于外，这个正是一种亏空的表现，迹似好名而实不知好名者也。好名近于知耻，知耻由于有力，故曰“知耻近乎勇”。

穷理到极处，说为不可名，却已名了他；说为不可道，却已道了他；说为不可思议，却已思议了他。

问：《易》曰“不疾而速，不行而至”何义也？先生以手上下指之曰：天地，空中一大物也。你以为他是渐长底么？实则他是刹那刹那、别别顿起，就和那电光一闪一闪似的了。他起得这般速，却不曾着力，故曰“不疾而速”。他才起，就是至了。常识以为凡言至者，必行而后至，行者，历如干时，通过如干空间之谓。他这个顿起，元不曾有所经行，不可夹杂时空底观念去推想他，故曰“不行而至”。庄子曰：“变化密移，畴觉之欤？”此盖神之不测也。

先生欲俟《新唯识论》成书后，次为书评判佛学。大抵先勘定佛家根本主张，而后其系统虽博大，而无不可穷其蕴也；其条理虽纷繁，而无不可究其归也；其议论虽圆妙，而无不可测其向也。先生尝言，唐已后言佛者，务为八面玲珑，而实陷于浮泛乱杂。兹举其根本迷谬之点。佛家主张有迥脱形骸之神识，因欲超生。超生见《慈恩传》。推其归趣，本属非人生的，而佛者之徒则怂为圆融之论，以谓不舍世间。不知佛氏固亦不舍世间，要其义则以成佛已后须度众生云尔，岂即人生主义之谓耶？于此主旨，一有模糊，则其他言说莫不可任意圆融，四通八达，此言佛者所以为有识者所厌弃也。夫各家学说，自非绝对无相通处，吾亦岂不云然？但系统不堪紊乱，未可以节取之同而忽其全体之异。若乃博涉诸家之后而融会贯穿于无形，此正古人所谓别有会心之境。如动植等养料入口后，经胃消化而成为体中精液，斯则自有创新，而非杂取各家陈言以为比附勾通者所及喻也。今日言古学者，无不乐为浮乱，而佛学尤甚。且佛家之弊，不自今始，唐已下则皆然矣。先生盖深恶之，殆欲一扫其弊。次为书论述中国哲学思想，大抵以问题为经，家派为纬。问题则随时代而有初民先发及后来继续进展，抑或向不经意而后应境创发，皆一一穷其所以焉。则此土哲学之根柢与其进展之序，大端可睹矣。先生尝言，凡人思想，大抵先具浑沦的全体，而后逐渐明了，以及于部分之解析。故哲学发端，只是一个根本问题，曰宇宙实体之探寻而已。方其探寻不获而欲罢不能，孜孜求进，却因此一个根本问题而劈分无数问题来。若其人善疑，富于勇气，不肯轻舍者，则其所劈分之问题必愈多，及夫析理入微，豁然大通，才把元来一个根本问题解决了。到此便见得道理平铺地、显现地，不劳探寻，前此直是枉费气力。然欲不枉费，却没奈何。又曰：哲学家谈实体者，各有所见，仁智浅深，千差万别，此等差别，不须厌弃，直大可玩味。各人所见，虽错误亦必有其所以错误之故，须理会得来。又曰：凡人对于实体之探寻，其动机则有二。一曰求真之欲，主乎知也；二曰人生之感，发乎情也。情之至而真知出，则足以究极真理而践之不贰。至其失也，则易以接近于宗教，如佛家大乘学，实哲学上最高之诣，而不能脱宗教思想。否则亦流于偏重伦理观念。如中国哲学，若三玄，可谓致广大、尽精微矣，然其言无不约之于人事。即程朱陆王诸大师，其思理亦莫不广渊深邃，盖亦博涉物理事变而后超然神解，未可忽视。然而彼等绝不发抒理论，只有极少数深心人可由其零散语录理会其系统脉络及其精微之蕴而已。盖彼等不惟不作理论文字，即其语录亦只肯说伦理上底实践工夫，此等精神固甚好，然未免过轻知识，则有流于偏枯之弊。若乃纯粹主知者，则又徒逞空洞的和形式的理论与浮泛的知识，而毫不归宿于人生所日用践履之中，则吾不知人间学术必于科学外而另有所谓哲学者，其本务果何在也？故私怀尝谓中国他无见长，唯有哲学比于西人独为知本。诚当舍己之短，求人之长，抑宜以己之长，救人之短？又曰：时人好言方法，后生唐摹而卒莫知所运用。余以为学者须自发问题，不徒能发之已也，若旋发旋失，与不发等，直须一发便成为问题，不容放下。如此认真，则解决问题之方法自出，否则日日空言方法，终不于自家相干。然则先生之书虽未及作，而玩其自得之辞，可知其于此土先哲必有独见而不容已于言者矣。又次为书略论中国文化，依据历史，不侈空谈，大旨期于复活晚周精神而扩大之，冀将有所贡献于世界。凡先生所苦心自得，欲布之书，以俟来者。意念诚挚，固非外人所及喻。近年病苦，忽患脑部及背脊空虚，时觉思想滞塞，以此郁郁，恒悼所志将不获申。是秋复病疫，卧德国医院。先生虑将不起，因友人来省视，先生与语，以不及著述为惧。立民曰：学之显晦，亦有其时，任之可也。先生曰：此理吾亦了然。吾即著书，天地间何尝增得些子？吾不著书，天地间又何尝减得些子？

问：偏重知识底人，他底生活上亦自有意味，何必如先哲所谓涵养本原而后为是耶？先生曰：无知识底田夫野老，他底生活或者比富于知识底学问家更好得多。然则我们何不推尊田夫野老，去从他游，而还在这里讲甚涵养工夫？须知这个道理是人人固有的，只是一般人行不著、习不察耳。譬如醉人也同醒人一般举手动足，却于自家举动不著不察。在他醉时，并不自觉得昏迷之苦，及一旦醒来才知自怜了。又曰：这道理不可向不见底人开口，须你自家有个见处，才好商量。人只是被许多知识锢闭，不曾超脱得开，易言之，即被许多见网笼罩住，见网者，见即是网故。无缘见得本来面目。

一人言于先生曰：科学尚实验，佛家道理何尝不经实验？先生曰：安得出此鄙言！若单言佛家道理不由虚构，他自有实验的工夫，此话却不妨说。若必以之与科学的实验比并为言，则吾不知何所取义。他两个底实验明明不同，毋庸较量。如说牛羊吃草，人却也吃饭，这个比并语有何意味？今人多有这般胡乱话，此病不小。

问宗教。先生曰：人类思想由浑而之画。宗教在上世，只是哲学、科学、文学、艺术等等底浑合物，后来这些学术发达，各自独立，宗教完全没有领域了。如今还有一部分人保存着他底形式，只是迷信神与灵魂，和原人底心理一般，这也无足怪。天地间有进化的现象，亦有保持原状的现象，如生物进化到人类，却还有原生物存在。问：宗教何以是哲学等等底浑合物？曰：宗教底神与灵魂便属本体论上底一种说法，后来哲学进步，则谈本体者始有唯心或唯物或非心非物等等说法，故哲学实自宗教出来。宗教底解释事物，大抵归于神的创造，这个即果求因的观念便是科学思想底发端。宗教有事神底种种仪文，如祭器等庄严具及舞蹈，即艺术底起源。宗教有赞颂祷祝之词，则文学自此始。如上所说，宗教是哲学科学等等底浑合物，明白无疑。

钟伯良治中国文化史。先生语之曰：汉魏及李唐两次大变端，极须注意。汉魏之际，是中国文化寖衰而将变底时机；李唐之世，是印度佛化统一中国成功底时期。两汉承周秦余烈，民德不偷，是时民俗，任侠尚义，故武帝卫霍能用之以夷胡虏。国力极盛。北逐强胡，西通西域，西南拓地亦复广远。推迹政治，则地方制度之良，吏治之美，饶有民治精神。器不楛恶，工艺足称，商旅远涉异域，不避险难，可谓盛矣。独以大一统之故，天下习于一道同风，朝廷又开禄利之涂以奖经术，于是思想界始凝滞而少活动，则衰象已伏于此时矣。又自光武宏奖名教，士大夫皆思以气节自见，始于激扬，终于忿矜，气宇日以狭小。晚周先民，各用其思而莫不渊广，各行其是而莫不充实，不尚众宠，不集一途，浩荡活泼，雄于创造之风，于斯尽矣。夫标名教而使人矫拂天性以奔赴之，历久则非人之所能堪也。故曹氏父子兴，始倡文学，恣情欲，尚功利，求不仁不孝而有治国用兵之术者，其为汉氏之反动思想也甚明。文学者，本以摇荡情感，倡之者既主于邪僻，绝无深根宁极之道，则率一世以为猖狂混浊，逞兽欲而失人性者，势所必然，而莫之能御也。故五胡乘中夏无生人之气，得入而据之，以恣其杀戮，所以招致者渐也。故夫中国文化自两汉盛时已伏衰象，迄于曹魏而破坏遂不堪矣。是时中国民性固已稍颓，然奋厉之气犹有存者。则魏晋间文学披靡之余，乃复有上探晚周思想，玄言宏廓深远，名、数、礼故、音律、医术，精擅者亦众，工艺复极其巧。魏马钧为木人，能令跳丸掷剑，缘絙倒立，出入自在。尝试作指南车，又为发石车，飞击敌城，使首尾电至。又作翻车灌水，更入更出。钧巧右神变，惜未尽试所作，传玄序而叹之。见《魏志·杜夔传》。又魏世为陵云台，先平众木轻重，无锱铢相负，揭台高峻，常随风动摇，终无倾倒。见《世说·巧艺篇》。略征一二事，足见当时制造已极精矣。至其社会政治思想，则盛倡自由。鲍生之论，则为无政府主义者导先路。郭象《庄注》亦曰："伯夷之风，使暴虐之君得恣其毒而莫之敢亢也。"见《让王篇》。向秀明治道之极在于物畅其性，而恶夫为治者之自任而宰物。其言闳深，异乎嵇康辈只为愤辞者矣。郭象《庄注》，原出向秀。汉世帝制之势已高严，自汉已降，而奸雄草窃迭起不穷，生灵涂炭，惨酷已极，此自由之声所为疾呼。然内乱未弭，五胡又乘之，真人道之大厄也。要之六代衰乱，实汉氏之结果，而曹魏亦助长焉。中国文化在汉世顿呈凝滞不进之状，思想界已僵固而无活气，空以名教宠章牢笼天下，其积弊之深，必将发泄于后，固事理所必至者。曹操虽反名教，然彼实生于思想涸竭之世，而纯为名教陶铸之人物。值汉德衰，不能明白以自树立，乃伪托文王之迹，故虽富于机智，而识见不能超特，局量不能宽宏，气魄不能伟大，毕生精力尽耗于猜忌与掩饰之途。其卑小如是，比于新室，已不足当仆圉。及司马氏效之，其细益甚，故石勒小胡犹得窃笑于其后。识者观魏晋开基，已卜世运升降之机矣。魏晋已下，大领袖人物遂不多见，故民质日以脆弱。是时所幸者，则思想界承两汉积衰之后，而所呈奇伟之观。自玄家逮于众艺，纷纷崛起，辨物理，达神旨，浸淫返于九流，是《易》所谓“穷则变”之兆。盖中夏民族本伟大之民族也，所资者深，所蕴者厚，宜其剥极而必复也。此转变之机势，虽经胡尘蹂躏，不少衰息。延及隋氏，遂一南北而纾祸乱。迄乎初唐，威武广被于四夷，文教普及夫群蛮，固泱泱大风也。此岂一二君相之力骤致于一旦者？盖六代已来，哲人艺士之努力所蕴蓄于社会者，深且大故也。夫自汉魏之际肇始变化，爰及隋唐，国力既盛，宜其文化日益发展，不至夭殇。然而初唐之盛未几，社会复归混浊，政治乱于武夫。六代已来之学术造端虽宏，至此而一切斩焉绝迹，此何以故？则印度佛教思想正于初唐之世而告统一中国之成功，是以举中国之所固有者而尽绝之也。此治中国文化史者所万不可忽视之一大变也。佛法东来，本在季汉之世。僧徒多来自西域，初亦不能盛行。唐窥基法师《唯识述记序》:“在昔周星阏色，至道郁而未扬。汉日通晖，像教宣而遐被。多觌葱右之英，罕闻天竺之秀。音韵壤隔，混宫羽于华戎；文字天悬，昧形声于胡晋。”据此可想见推行之困难矣。及罗什来华，以其精通三藏，又门下多材，盛事翻译，玄风始畅。然犹乘三玄余焰，附之以彰，未能独旺也。盖佛法东来，得餍乎国人之心者，虽原因不一，而主要之因，则以玄家喜谈形而上，三玄于形而上之理只是引而不发，魏晋玄家才偏重及此耳。极与佛家接近，故迎合甚速也。如远公著《法性论》曰:“至极以不变为性，得性以体极为宗。”罗什见论而叹曰:“边国人未有经，便暗与理合，岂不妙哉? ”远公故玄家，而特歆净土，以逃于佛，其理解固未尝得力于佛也，罗什之言可证。又僧肇著《般若无知论》，罗什览之曰:“吾解不谢子，文当相揖耳。”肇公此论，亦不出玄家见地。当时玄家既接近乎佛，而佛者亦乐援玄以自进，故佛法未遽独盛也。时国内释子，颇多艰苦卓绝，只身渡穷塞，犯瘴疠，履万险，求法天竺者甚众，然发生重大影响于祖国者，盖亦罕见。及唐玄奘西渡，研精群学，在印土已有大乘天之称，回国已后，而太宗以英伟之帝，竭力赞护，于是聚集英俊，大开译场，高文典册，名理灿然，沃人神智，况复死生问题，足重情怀。则自汉魏已来，缓兵进攻于中国思想界之佛法，至此得玄奘与太宗之雄略，大张六师，一鼓作气，遂举中国而统一于印度佛化之下。自此儒道诸家，寂然绝响，此盖中国文化中断之会也。佛法既盛，不独士大夫翻然景从，而其势力直普遍齐民，愚夫愚妇莫不向风而化，祷祀殷勤。盖社会观感所系，不在学校而在寺宇，不在师儒而在僧徒矣。汉魏之际，方变而上复晚周，萌芽骤茁，遽折于外来之佛教，此固当时华梵间不可思议之遇合，不可阻遏之潮流。佛法急图东展，而中国之玄学与其环境又恰与之应合。然佛教徒亦未免过于倾向外化，而将固有学术思想摧抑太甚。如佛道论衡，诋毁老庄，其词多顽鄙不足一笑。僧徒既不习国学，又妄以褊心嫉异己，此所以造成佛教大一统之局。由今观之，不得不谓为吾国文化史上之大不幸也。夫佛家虽善言玄理，然其立教本旨，则一死生问题耳。因怖死生，发心趣道，故极其流弊，未来之望强，现在之趣弱，治心之功密，辨物之用疏，果以殉法，忍以遗世，六代僧徒多有焚身殉法者，然莫肯出而救世。沦于枯静，倦于活动，渴望寄乎空华，求生西天。盲修绝夫通感。近死之夫，不可复阳，此犹有志苦修者也。若夫托伪之流，竞权死利，患得患失，神魂散越，犹冀福田，拜像供僧，诵佛修忏，其形虽存，其人已鬼。复有小慧，稍治文学，规取浮名，自矜文采，猥以微明，涉猎禅语，资其空脱，掩其鄙陋，不但盗誉一时，抑乃有声后世，苏轼、钱谦益、龚自珍皆是此流，今其衣钵授受未已也。至于不肖僧徒，游手坐食，抑或粗解文辞，内教世语，胡乱杂陈，攀缘势要，无复廉耻，等诸自桧，亦无讥焉。是故自唐已来，佛教流弊普遍深中于社会，至今方蔓衍未已。民质偷惰，亦有由来。凡在有知，宜相鉴戒。然则佛法可绝乎？曰：恶，是何言？昔者佛法独盛，故其末流之弊愈滋。今则势异古昔，扶衰不暇，而可令其绝乎？佛家卓尔冥证，万事一如。事事皆如，故曰一如，所谓一叶一如来也。荡然无相而非空，寂然存照而非有。智周万物，故自在无挂碍；悲孕群生，惟大雄无恐怖。虽悲而无怖于险难。仰之莫测其高，俯之莫极其深，至哉佛之道也！是故会通其哲学思想而涤除其宗教观念，则所以使人解其缚而兴其性者，岂其远人以为道也哉！

中国文化既被佛家倾覆了，直到两宋时代，大儒辈出，才作中国文化复兴运动。他们都推本于晚周底儒家，定孔子为一尊，却无形地踵了董仲舒、汉武帝底故步。魏晋人上追晚周，派别却多，后人提及六朝，便以清谈家了之，而不肯细察当时学术流别。宋人比之，似觉规模狭隘，然而他们所以宗主儒家，也有道理。儒家有两个优点：一是大中至正，上之极广大高明而不溺于空无，下之极切实有用而不流于功利。二是富于容纳性，他底眼光透得远大，思想放得开阔，立极以不易为则，应用主顺变精义。儒家根本思想在《易》。规模极宏，方面尽多，善于采纳异派底长处而不专固，不倾轧。他对于道家法家等等都有相当的摄受，这也是不可及处。《大学》格物的主张与名家不相忤，荀子言礼治亦有法家影响。周礼言政治经济，也有法家精神。《易》《系传》谈治理，大致在辅万物之自然，绝不自任以治物。儒家各派都守这个原理，是与道家相通的。我和宰平在北海快雪堂曾谈到儒家这两个优点，他也和我同意。所以宋儒特别提出儒家来做建设中国文化底基础，他们在破坏之余，要作建设事业，自然须有个中心势力，不容如魏晋思想那样纷歧。因此宗主儒家尚不算他们规模狭隘之征。现在把他们几个重要人物，略说一下。先说周濂溪先生。他早年与方士有点关系，后来走上正路。他底著述，是以《周易》为根据。然唯《通书》深纯，明道之学自此出，而犹未尽其蕴。《太极图说》似无取，朱子虽尊之比于六经，也是朱子底神秘罢了。濂溪先生冲和洒脱，毫无渣滓，他底弟子程伯淳、程正叔兄弟，便不似他。伯淳，自昔尊之同于仲尼。我觉得，在《论语》中寻玩孔子底襟抱，只是一味老实，毫无矜尚，易言之，只是无我。伯淳胸中似隐伏着一个圣人。至于正叔先生，可以说是有教主的气味了。两程先生都好讲究气象，遂成为宋明已来儒者底一种流行。大家在威仪容止上检点，做些矫揉造作工夫。凡人饰于外者，愈亏于内。把元来充实活泼的力量阻遏住，不由他自然发泄，要在外面做个盛德之容，纵不入于虚伪，也要减少活气。我愿今人有志儒术者，不要学那般儒者气象。我以为人底气象最难能的，是平易二字。平易无奇，只是自然，自然才是大气象。这段话截止，再说他两人底著作。大程只有语录笔札之属，然而他底《识仁篇》和答张子厚先生底《定性书》，字虽不多，却是有不废江河万古流的价值。孟子以“万物皆备于我”言仁,《识仁篇》便从此发挥出来。此篇显示本体和存养的工夫，极明白透切。实则即工夫即本体。包含极大，钻研不尽。俗学无日，见他字句不多，随便看过，真是可惜。《定性书》比《识仁篇》更广大，因为所与言的是张子，心机触发处自是不同寻常。明道平生学术有这两篇短文，也发抒尽致了，并不须要大部著作。正叔先生除语录及杂文外，有《易传》一书，是他平生精力所萃。明道之学自孟子出，正叔得力于孟子者固深，而尤其服膺曾子甚切。他底“涵养须用敬，进学在致知”底主张，却从曾子得来。他语录中时常提到曾子。因曾子生平临深履薄，是主敬的，又相传曾子作《大学》,《大学》即注重格物致知。正叔用功于《四书》甚深，他底《易传》大抵根据《四书》讲去。我读他底《易传》时，年在二十四五，后来并未重玩。当时只有三点最注意，至今犹在心头。一是《乾卦》中说“以形体谓之天，以主宰谓之帝”一段。当初很怪他形体二字不通，即掩卷去理会这道理，过数日才有悟。若离开形体去言天和帝，那便成了神教。其时仿佛得到所谓泛神论底意义，便高兴极了。二是《坤卦》中说“行地无疆，谓健也。乾健坤顺，坤亦健乎？曰，非健何以配乾，未有乾行而坤止也”。我在此觉得他尚未见到真切，然却引发我底感悟。盖我即于此悟得坤以乾为体，所以坤亦健。坤之言元，实即乾元也，不成坤又别是一个源头。三是《复卦》中说“先儒皆以静为见天地之心，盖不知动之端，乃天地之心也”。非知道者孰能识之？这也是他一个大发明，我十分同意。正叔于心理学研究甚精，其说散在语录，却须综会解释出来。正叔思想深沉，语录至堪寻索，只被不知者把他看做老生常谈了。已说二程，次则张子厚先生。这是一位敦大笃实的学者，谦虚盛德，更不可及。二程门下都把他当做二程底弟子，后来朱元晦也跟着如此说，只合一笑。他倡地动说，在科学不发达的中国，可谓为一个大发明。他著底《正蒙》一书，确是有系统的箸作，为汉已来所仅见。他底思想与二程绝对不同。因为他底形而上学，是主张气为实体的，也可叫做气一元论。我尝说他是儒家底唯物论派，他确是有别致的。他底学说为二程所掩，没有人真识得。直至明末，才得王船山先生，算是他底私淑弟子。船山宗气一元论，推衍其说，以为神者气之灵，理者气之理，见《读四书大全说》及《易传》等书。确是子厚先生底本旨。他两人虽以气为实体，却不看重气底本身，而偏看重气之灵和气之理。他们以为天之道、人之性，就在这气之灵和气之理上说。这神和理虽即气之发现，而倒是主宰乎气的。若是气没有发现出这神和理来，他也就是顽冥的物事了。所以他们许这神和理是至诚的，是真实的，是人得之以成性的。如此说来，他们这唯物论，却不主张机械论，此又异乎西洋唯物论者矣。他们既许有气及气所发现的神和理是诚是实，便说佛家毕竟是沉空而极力反对，和他不并立了。也兼反对老氏之无。是时更有一位思想家，王介甫先生，气魄雄伟，博学多通。他底学术，原本《周官》，特注重经济问题。及其为相，便立青苗等法，锐意实行，被一般守旧的君子反对，遂至政策失败，后人益以言利为戒，他底学风竟绝了。我读他底书时，年纪尚轻，记得有几处文字很表现他底民权思想。今手中无书可查。他《上神宗皇帝书》有云："天命不足畏，祖宗不足法，人言不足恤。"汉已来儒者没有敢如此道。还有胡安定先生，年辈稍先于二程，虽不必是思想家，然其行谊纯实，襟怀豁达，深明经术，练习政事，且长于教授，成就人才甚众。其在当时，有裨文化，厥功甚伟，固一代大师也。又有史学家司马君实先生，宽博纯厚，浑然天成，其学本之《春秋》，当时实与二程相为羽翼。总之，北宋中兴儒家思想底大人物，首推周、程、二程。张四先生，四先生底人格都伟大，都是坚实得很的人。思想都宏深。他们为学，壹是归于涵养本原，而极尽其明庶物、察人伦底功用，直是本末交修。这种为学底态度，我以为一切人应该取法的。他们努力于文化底精神，我们应该继续不懈的。盖自佛教入中国已来，轮回之说普遍于社会，鬼神和命运的迷信日益强盛。佛教分明是多神教，不过他底说法很巧妙，他把旁底神教如大自在天等极力拨倒，所以人说他是无神论。殊不知人家底神打倒了，他底神又出来。试问十方三世诸佛非多神而何？又如人人有个不死的神识，非多神而何？所以信佛教者必信鬼神，其教义固如是。若乃三世因果之谈，别为世俗命运观念所依据，这个影响极坏。人生屈伏于神权，沉沦于鬼趣，侥幸于宿定。贪求世间利乐者，则妄计命运或可坐致。人情侥幸大抵如此。这不能不说是佛教之赐。三百篇是中国先民底思想的表现，都是人生的、现世的，无有迷于神道者。如《二南》于男女之际及凡日常作业、习劳之间写出和乐不淫与仁厚清萧勤厉之意，表现人生丰富的意义、无上的价值。孔子曰："人而不为《周南》《召南》，其犹正墙面而立也欤？"其得力于是者深矣。故迷信鬼神之风，非吾先民所固有也。古时虽重祭祀，特由慎终追远与崇德报功，以致其仁孝不容已之心耳。战国迄汉世方士始假神怪以骗人主，然民间不必被其风。自佛教东来，而后迷信普遍于社会。幸有宋诸先生崛起，倡明儒家之学，以至诚立人极。《通书》阐发此旨。形色不得呵为幻妄，日用壹皆本于真实。念虑之微，事为之著，无往非至诚所发见。原吾生之始，则此生非用其故。若有神识，则是故物传来。是生本创新，而新乃无妄而皆诚。故君子至诚无息，以其日新而日生。迄夫形尽于百年，则虽生随形尽，而曾有之生，曾有之诚，其价值则亘古常新而不以百年尽也。又何待有个别的实物遗于当来而后为快乎？神识即个别的实物。若果有之，则生生者将皆用其故而莫或创新，造化亦死机尔。岂其然哉？是故杜绝神怪以至诚建人极，道尽于有生，未知生，焉知死。知止于不知，生何自来？此不可说，所谓不知也。然已曰不知，岂真不知哉？故冥会于斯而存诚以践形，则生之所自，即生是已。知至此而止矣，何必以私意推求，妄执有个别的实物若神识者，以为吾生之所自哉。物我同乎一体而莫不各足，物各足于其性。显微彻夫一实而无有作伪。仰不愧，俯不怍，至诚塞乎天地。饮食男女，凡生人之大欲，皆天则之实然。循其则而不过不流，故人欲即天性而不可丑恶。尼父曰："道不远人，人之为道而远人，不可以为道。"至哉斯言乎！自周张二程诸儒崛兴，绍宣圣之绪，而后知人生之尊严而不可亵侮也，人生之真实而不为幻化也，人生之至善而不为秽浊也，人生之富有而无所亏欠也。本性具足，故发为万善而通感不穷。故鬼神既远，人性获伸，这是诸儒莫大的功劳。然而他们却有短处，现在不妨略为说及。他们涵养本原的工夫，虽说绍述孔氏，却受佛家禅宗影响太深，不免带着几分绝欲的意思。实则欲亦依性故有，不一定是坏的东西，只要导之于正便得。如孟子教齐宣王好色好货，都可推己及人，使天下无旷夫无怨女，及使百姓同利。这欲何尝不可推扩去做好的？如果要做绝欲工夫，必弄得人生无活气，却是根本错误。或谓今人纵欲已极，正要提倡绝欲以矫之。不知讲学唯求其理之真而已，如何存得一个矫弊的意思？矫又成弊。俟鸟兽之风息，人道反诸正，将皆投诸真理之怀抱而何至纵欲无已乎？我辈服膺儒先，不要漫无拣择。他们因为主张绝欲，故用功亦偏于主静。如伊川见人静坐，便叹其善学。静坐本是他们共同的主张，后来李延平更看得重要，尝曰："学问之道，不在多言，但默坐澄心体认。天理若见，虽一毫私欲之发，亦退听矣。久久用力于此，庶几渐明，讲学始有力耳。”在他们底理论，动静是一致的。所谓即动即静、即静即动的，他们根本不承认是废然之静。这个理论我也未尝否认，不过道理是很古怪的，往往差之毫厘，谬以千里，这个差谬大须注意。静中固然不是没有动，但吾人才多著意在静，便已把日常接触事物底活动力减却许多。此语吃紧。所以他们虽复高唱格物致知，而其弟子已沉禅悦而惮于求知，他们虽复不忘经世致用，而卒以养成固陋偷敝的士习。因为他们把主静造成普遍的学风，其流弊必至委靡不振，这个是不期然而然的。后来陈同父、叶水心一辈人才起来反抗他们底学说。同父思想虽粗，却甚可爱。那时候确少不得同父一派底功利思想。同父云：“禹无功何以成六府？乾无利何以具四德？如之何其可废也？”同父和朱晦翁辩论底几篇书极有价值，最要紧的是两个意思：一是反对他们尊古卑今而否认进化的思想；二是反对他们自信未免于狭，而又把道理说得太高，所以误视三代已下人都是盲眼。同父是个文学家，只惜气力太虚浮，毕竟振作不起来。水心思想较同父精细，而开张似不及之。他却怀疑百端，又好抨击古今人，然其言多有理致，固非务为浮薄者。他是一个批评家，颇似汉王仲任之流，然本领不大，虽博辩而无宏规足以自树，故虽有一时摧陷之功，终亦不能别辟生路。总之，周程诸儒虽复树立儒家赤帜，而实受禅宗影响太深，未能完全承续儒家精神。虽则学术不能不受时代化，亦不能不容纳异派底思想，而他们却于儒家有未认清处，所以骨子里还是禅的气味多。他们主静和绝欲底主张，都从禅家出来的。这两个主张，遗害社会却不小。因为群众是要靠士大夫领导的，而当时士大夫都去做绝欲和主静底工夫，玩心无形之表。用超世的眼光看他，诚然超越人天，大可敬服；用世间的眼光看他，不能不说是近于枯槁了。所以两宋时代，社会都无气力，甘受胡人底蹂躏，中夏此一衰而不可复振。现在话说多了，不能不截止。若要深谈，自非著书不可。然而我还要补说一句，我觉得晚周儒家底思想，应该发明而使之普及世界。宋明儒在形而上学底成绩，确有补助晚周儒家的功劳，也当采取。

问：宋明儒绝欲工夫，却能保持非功利的生活，于此见得人生无上价值，似未可反对也。先生曰：此须识我立言意思。我不是主张纵欲的，但用功去绝欲，我认为方法错误。只要操存工夫不懈，使昭昭明明的本心常时提得起，则欲皆当理，自不待绝了。如果做绝欲工夫，势必专向内心去搜索敌人来杀伐他。功力深时，必走入寂灭，将有反人生的倾向。否则亦好执意见以为天理，因为他一向孤制其心，少作格物的工夫，结果自非拿他底意见来做天理不可。宋明末叶底理学家都是好闹意见，至国亡而犹不悟。举一个例子，如吾家襄愍公，清乾隆帝常思之曰，明朝不杀熊廷弼，我家不得入关。可见襄愍在当时是关系中国存亡底一个人。而黄宗义《明儒学案》上良知大家邹元标者就是甘心亡国以杀害我襄愍公底主要犯。元标顽獭不足责，宗羲以遗老自命，于此事亦为元标文其奸，可见宗羲把意见做天理了。宗羲最不光明，《原君篇》系窃人之说以为己说。孔孟都没有教人绝欲。孔子举“克己复礼”之目，曰“非礼勿视，非礼勿听，非礼勿言，非礼勿动”，只是教颜子在视听言动间操存此心，不流入非礼处去便是了。这工夫何等切近，何等活泼。而伊川、元晦却要把克字训为克杀之克，说克己是克尽己私，却要瞑目内观去搜索己私的根苗来把他克杀净尽了，不知《论语》原文尽明白，何尝说到这个意思。至于孟子教人集义以养浩然之气，集义便是致知，便于事事物物知明处当。分明不是离事物而孤求之心。只集义养气，则欲不待绝而自无违理之欲。所以我觉得宋明儒底方法不对，还是上求之孔孟为好。

一人言：世界终有末日，人类终当倾向佛家寂灭之说。先生曰：汝见一切人都死否？其人曰：自古皆有死。先生曰：人当死时，他底世界还存在否？其人默然。先生曰：汝底世界底末日已不远，何不早去求寂灭？时座中有李君者言曰：佛家寂灭却不是断尽了也，先生恐亦多饶舌。先生斥之曰：我不解寂灭的意义，汝却会解得？寂灭本是污染断尽，不是教本体也都空了。然而他这个境界，切不可和宋儒“人欲净尽，天理流行”之说一般理会。他却是超脱轮回而证得佛果底境界，易言之，便是非人生的境界。我们本人生主义底眼光看去，他这个寂灭恰似断尽了之谓也。所以儒先反对佛家寂灭，亦有道理。

先生登杭州南高峰，慨然曰：六代虽衰乱，犹能产出唐太宗如许伟大局量、伟大材略底人物。太宗即位已后，本大公之心，求人共治，不私不忌。当时本无甚人才，他却善陶铸而用之，又能谦虚而尽人之善，故能创一代盛治。唐季迄五代，虽复凌夷，而宋祖出于其间，其宽仁大度，犹可敬服，所以收拾五代昏乱之局。自宋已后，遂无领袖人物可说。明祖稍奋起，时狭小猜刻已甚，终明世无静治，其摧残民质，较女真蒙古东胡盖无让焉，故民族力量稍损至此。余因问：伊川却痛诋太宗何也？先生曰：伊川极狭小，用一孔之见衡人。孔子称管仲以仁，许齐桓以正，便是大气象。伊川又不取《礼记·儒行篇》，不知此正是儒者精神。所谓侠者，即是儒之分派。伊川却要士大夫都奄奄无生气便好。

近来社会上有一种流行的议论，以为政界底领袖人物必定是狡诈险谲卑劣的，否则不能任天下事。如历史所载圣帝明王，实则没有如他所颂谀的那样明圣。远者勿论，即如汉唐宋明诸祖，哪个不是狡谲卑劣的东西？这般议论，我时闻诸相识之口。他们全是根据现代底顽猘以推论历史上成功底人物，而敢于武断政界领袖必定出于狡诈险谲卑劣的。这样不仅是推理的错误，而实有生心害政之忧。因为这般议论既流行于社会，即已无形的成了社会底信条。而狡狠卑劣之狗盗，一旦因缘时会而盗据领袖的地位，将依据此信条而以无所不为者，为事势之当然。乃至凶于国，凶于家，灾及其身而犹不悟其失。又凡屈服于狗盗之下者，亦将依据此信条，而视狗盗之狡诈险谲卑劣为彼应有尽有之长技，毫不足怪，因甘受宰割而不思反抗。这是何等可忧的事？须知人群不能一息离政治而生活。吾尝说，世界将来进化到无政府时代，仍不能说无政治。因为人群相生相养，总要有一种组织，这种组织就叫做政治。在群品未进、政制尚低、倚望领袖底时代，而居领袖地位底人，如果只要狡诈险谲卑劣而不必需要道德，则政治何得不败坏？人群亦何所赖以维系？故孔子删《书》，称述二帝三王之德业，盖乃信而有征，不仅欲为后人树之模范也。老庄目击列强残民以逞，因极诋前王，无所许可，是徒愤于时主，故武断一切，斯与今人议论同一错误。儒者何尝不非桀纣、轻五伯？然卒不泯贤圣之绩。若谓人主皆坏物，则是天下真可以无道驭之，非教猱升木而何？汉唐宋明诸祖所以开基致治，自非偶然。汉高欲易太子，及老衰将死，谋实行之，卒因四皓而不果。夫其衰竭之余，犹敬服善类，顾畏天下清议，而毅然取消其生平深藏之一念而不敢恣，此岂恒人所可能者？唐太宗励精图治，求谏以防私意之渐，周谘以悉闾阎之情。陆宣公奏议多述其行事，故当时国威之隆、文化之盛，后莫能继，其领导之功不可忘也。宋祖宽仁，尝一日罢朝坐便殿，不乐者久之。左右请其故，曰："尔谓为天子容易耶？适乘快指挥一事，故不乐耳。"其兢兢业业不敢有一毫恣肆，类如此。明祖能率吾民以脱离蛮族压制，功德不细，然以不学之故，卒流于狭小，其立政规模便差。然晚世顽猘之所为，又明祖之所不屑为也。

某君云：先儒言人者天地之心，此即人类中心观念。自达尔文进化论出，其说已不能成立。先生曰：汝未之思也。人类中心观念，本不可摇夺。只是旧的解释错误，自达氏进化论出，乃予以新解释耳。今站在进化的观点上说，自然界从无机物而生物，而动物，而人类，层层进化，人类进至最高级，他渐减却兽性而把宇宙底真善美发展出来。易言之，宇宙底真理在人类上才表现得完足，所以说人者天地之心，所以人类中心观念得进化论而益有根据。

同学请说"克己复礼"一章。先生曰：人方越乎礼，即此便是己，克己则已复于礼矣。故克己复礼是一回事，却分做两层来说，意义才完足。下文请问其目，并没有分别是克己之目，抑是复礼之目，可见克复是一回事，不可打做两截了。这章书，先儒解得很糟，今将字句一为分疏。伊川说："须是克尽己私，皆归于礼，方始是仁。"实则克之义为胜，元来不含尽义。《朱子语录》，圣人下个克字，譬如相杀相似，定要克胜得他。此云相杀，便与伊川言尽者同。己字，朱子训为身之私欲，伊川说为私意，愚谓意欲未即是私，必意欲为习所移、物所引而流于邪僻，方是私意私欲。记者词虽略，然证以下文非礼勿视等言，则可反会得非礼之视听言动，便是意欲为习移物引而流于邪僻，只此叫做私意私欲，只此谓之己。克己者，只是此心恒时操存而不放逸，有以克胜乎这个己，令他不得乘隙而起，故名克己。不是待他起来方克杀去，朱子克杀之云，必是起了方杀。亦不曾说向寂灭处去，要照察这个己的根苗将他克杀净尽。伊川说克尽己私，势必除断欲根而入于寂灭。夫子指出克复的条目就是"非礼勿视，非礼勿听，非礼勿言，非礼勿动"，分明教颜子在视听言动间着工夫，不要流入非礼处去，这工夫就是个操存，极切近，极活泼。若如程朱之说，势必收视返听，向心窝里搜杀敌人，令其净尽。孔子分明没有说到此。

佛化东来，经过三期变化。初期以附会中国固有者，为吸收之便利，六朝人托于三玄，以此也。如肇公《般若无知论》，纯以道家为骨子，而傅以佛典中语耳。《物不迁论》可谓极有价值之创作，文约义深，广大备矣，然亦原本《大易》，不必尽从佛典来也。次期极端求佛家真面目。奘公西度而后，广出诸经论，大乘空有两宗，巨典略备，学人研寻，始有准绳，不事附会。三期求华儒道。梵佛家。融和而别为创造，禅宗首启其机，至宋明儒而此种运动益剧，然其结果不必好，因吾儒底人生态度，参不得佛家意思故。

清季学人都提倡王船山民族主义。革命之成也，船山先生影响极大。然船山民族思想确不是狭隘的种界观念，他却纯从文化上着眼，以为中夏文化是最高尚的，是人道之所以别于禽兽的，故痛心于五胡辽金元清底暴力摧残。他这个意思，要把他底全书融会得来，便见他字字是泪痕。然而近人表彰他底民族主义者，似都看做是狭隘的种界观念，未免妄猜了他也。他实不是这般小民族的鄙见。须知中夏民族元来没有狭隘自私的种界观念，这个观念是不合人道而违背真理且阻碍进化的思想，正是船山先生所痛恨的。

船山志在中夏文化之复兴，而以蛮族暴力与印度佛教思想视为有一致排斥之必要。

邱希明先生曰：孟氏有言，《春秋》作而乱臣贼子惧。彼已公然冒大不韪而为乱贼，岂以文士摇笔而加诛贬为惧耶？先生曰：太史公云，不知《春秋》，前有谗而不见，后有贼而不知，可谓达圣心者。圣人所以作《春秋》，盖明著谗贼之诡谋秽术，使其纤悉毕露，尽人知之，然后其技无可售，其奸不得逞。孟氏所谓乱贼惧者，殆亦此意，特辞略耳。《春秋》文成数万，其指数千，今之所传，盖非其本。夫子当时已不便笔之于书，而散为口说，公谷之徒盖多传之，顾辗转授受，不能无变易耳。道家刺前王，非礼而薄仁义，则取王者所假托以号召天下之美帜而毁之已耳，其剧烈过《春秋》。盖儒道二宗并深详人间黑暗，勿使得匿。不得匿故不得逞也。夫非以搏击为快也，是其恻隐之仁，坚贞之志，聪睿之慧，足以为大宇之智炬，人类之福音，非晚世曲谨小儒所及测也。希明先生曰：大哉言乎，史迁已后，未有达斯旨者。朱元晦作《纲目》，书莽大夫扬雄死，悻悻而施笔伐，何当于前圣作史之本意哉？先生曰：子云剧秦美新，意存讽刺，故惧而投阁耳，其心则犹可谅也。

明季王船山、颜习斋、顾亭林诸巨儒，都是上溯晚周儒家思想而不以宋明诸师底半倾佛化为然。这个精神极伟大，吾侪当继续努力。

手札

高赞非抄

与林宰平

上午写一纸未邮。午后得来书，甚喜。大端清得，弟未以之自喜。谓不欲改混乱，此语半是半不是。十力并无真实力量，只是感情作主，此等药石之言，非吾兄谁肯发者？弟正在此处自省耳。感情所以易动者，习气鼓于中故也。多一分习气，便减一分力量。吾兄之所云，诚有以也。矜胜，则悟至而不能实体之以使理为己有；愤甚，则悲心乍动而易间，无以担苍生之罪福。此弟所时以自惧，而世人岂识之哉？连年隐念时艰，终徘徊审顾，不敢轻图天下事，仍决意作学人者，此意兄或未窥也。即就学问方面言，弟亦勉强自持。《唯识》旧稿，辍而弗出，亦恐出后则无心于改造矣。凡此勉强而不轻试之念，唯自察其力量之有未实，而徐徐求所以充实之耳。混乱之在根本者，指习气言。弟确已发见，而未始不欲改之。兄言不欲改，此半不是也。混乱之形于枝节者，弟确不欲在此处对治。兄言不欲改，此半是也。弟迩来为学，自信不拘文字而求道理，诚有其可自信，而不必自喜。兄或未察也。敝书十二叶小注，谅兄弗肯同意。午节在北海白塔下尝言之。此意自是弟所珍重，虽一世诮为顽固，所不敢辞。

与梁漱溟（凡五扎）

胸中时若有千言万语急欲迸发，才把笔则已呼唤不出，灵机鼓动，气力不足以申引畅发之也。贱体太亏，如何如何。

真正人生之感，不是凡夫所有。其感是悲情，不是凡情。如来当初出家之感，与其最后成佛时情感，仍是一般，所谓彻始彻终也。如当初一感未真，那会几年工夫便尔成佛？我往者之感，兄向者之感，颂天近者之感，都是凡情。不过此等凡情大不易得，盖由外缘有所引发，回向真处。但是向真不是真机勃尔自露，犹如浮云里透露日光耳。此等情机发动，若得着路，便一直向上，生机不绝；不遇着路，则宛转间，不激而狂，必流于萎。颂天昨秋已来，愤郁不解，如尚听其自然，必萎败矣。

连年病废，心情昏乱。昨与孑老及某辈缄，偶述近况及已前所经，颇露窘苦难堪之状。已发而悔，继思之，此又何足深悔？平生心事皎如白日，只堪自信，何须求谅于不相干之人？然孑老自足知我，未堪一例抹煞也。世事至此，已如船山所云，害已成而不可挽，挽则横流。在此恶势周流六虚之会，于此于彼，形式虽殊，恶流则一。即有善良，加入一方，恒随流转，势不自由。惟有超然静立乎恶流之外而隐有所持，虽哀矜而不容骤挽，藏之于慎密而持之以悠久，则造化在我而默运于无形矣。此力之所志而实未能逮，终必颠连倒跌而强起以疾赴之者也。吾兄今日自居局外，但尽友谊，可谓得宜。任潮、证如与吾侪夙抱，原自不同，即其经过以言，亦只好努力始终撑拄其间，结果只是做一日和尚撞一日钟，成败利钝不能计尔。

手示敬悉。公开二字，是我生来之良能。然我慢之重，亦积习太深。黄河万里，拖泥带水而行，本素所自喻。然今且将老矣，又病矣，病益为拖带之缘。今欲自行克治，尤以养好此病为先着，否则一切修养说不上。黄梅前身见四祖，四祖以其年老乏精力，嘱再来。此虽神话，然修养须精力好才办得，自可于此故事中会意也。颂天得力处当有之，但恐易缘时又复故态。此事大不易言，须此心从事上磨练得勿忘勿助，方是到家。若现在养病期间，屏除一切外诱，借典册警惕，引发静气，才得一段清明，此未足据。吾年来病困，兼以时事刺激，引起心绪恶劣，然屏弃书籍已久，静观万事万物之变，亦时有所得，仓卒不能言也。

昨讯有欲言未言，终觉不合。承示颂天函，似有念念不迁之说，真自欺语也。尼父七十不逾矩，方是不迁之实，后生谈何容易？又引先儒收放心之谈，而云只不放便收。不知吾侪有生已来，此心便尝放失而不觉，对治已放，故说收。终古是收字工夫，岂容掉以轻心，高谈妙悟？吾所努力，唯欲先做到不自欺一段工夫，以图复我久放之心。凛然求孟氏所谓视民如伤、望道未见之念，看吾心真实有此痛痒否？不此之务而高言禅悦，猥以浮明，托于窃似，居以不疑，此晚世狂禅与陆王末流，所以获罪而不自道也。此片务转颂天。

与严立三

凡人心思若为世俗浮浅知识及肤滥论调所笼罩，其思路必无从启发，眼光必无由高尚，胸襟必无得开拓，生活必无有根据，气魄必不得宏壮，人格必不得扩大。力一切言论总是要人反省，承认自家无知，必将平日所习见习闻于世俗名流之一切浮泛知识、肤滥理论剥得干干净净，才可由此努力，以接近善知识，而深研真实学问。力所以说话便好骂人，全是悲心行乎不容已，非吾兄所疑为褊心嫉俗之谓也。然力亦只是口头便及之，却决不于文字上批评时贤，此正不敢不自重之意，贤者察之。

答友人

去家难。兄其有细人之情耶？否耶？吾以兄之所难为细人之情也，恐局外高谈，而不了兄之处境，则将谓弃其骨肉，是而可忍，孰不可忍哉？足下若自谓非细人之情也，则须返检念虑之微，其果有妻子之私而愿为之鞠躬尽瘁欤？抑实逼处此，且任坦荡之怀，尽所得为，毋相弃，亦毋过虑欤？又于家人儿女外，此心更有痛痒相关处欤？明明在上，赫赫在下，鸢飞戾天，鱼跃于渊，何拘何碍？而以有生之年，尽于禽犊之爱，古今众生，皆如此矣。吾不敢谓兄其然，吾不敢信兄之不尽然。弟秋节后，为侄辈亦大有所苦。若琐琐奉告，又太累耳，不如无言。

与彭云谷

别来时于从理处藉悉近况，得来书，更谂其详。吾无以教子，唯即前所欲谭而未尽者，郑重明之。所谓人群，所谓社会，无实物也，只是无量势力摩荡运行而已矣。质言之，只是变而已矣。此意在宁时，已略谈一度。吾侪一方在万变中旋转，而行乎其不自知，推于其不容已，固若机械矣；一方又为变化之原动力，而于万变之大流中，恒得以吾之力左右其间，故吾人又有自由而非纯然机械也者。先世仁人任士，毅然恻然，以担荷天下转移风会为己任，岂唐大无稽，侈陈志事哉？诚有其实效也。吾子若识得此意，固将履变化之途而充恻隐之仁，裕宏毅之智以期于不挠不惑。《传》曰："取法乎上，仅得乎中；取法乎中，斯为下矣。"吾与子语上而不语下，幸勿妄自菲薄。居常总宜留心体察人情事变，尤当抽暇读书，藉作指导。读书又略分两面：一关于应用之知能，若政治经济种种问题，非有精研则不能致用；一关于立己之德慧，欲自培植，必资观感，故须留心伟人文集。若近代曾、胡及前世陆宣公、诸葛武侯、王阳明、熊襄愍、杨椒山、张江陵之伦，其仁心诚意之所昭宣，精神毅力之所流布，明慧刚断之所垂示，莫不散在简篇，可以探索。苟能会心于文字之外，则德慧之熏发，有不知其所以然者。《易》曰"君子多识前言往行以蓄其德"，《论语》"温故而知新"，皆此意也。足下勿以作事不暇读书自诿。曾文正在军中，犹日必读史写字，足下事务纵繁琐，较彼身为大将者，整暇冗忙之相去，岂可以道里计哉？《记》曰："君子不使其躬儳焉如不终日。”今人无论作事或闲居，皆令其身心惰散，无安顿处，即“傀焉不可终日”之谓也。曾有志士而忍如此？吾与人相与无久暂，以平等心，说老实话，吾子其熟察之也。

答陶闿士（凡二札）

得赞非转到惠书，知又被火。天下遭际之奇，固有如是古怪者耶？审观书辞，虽在艰困中，不曾改其坦荡之度，足征学有得力处也。船山《俟解》有云：“堂堂巍巍，壁立万仞，心气自尔和平，如强壮有力者，虽负重行赤日中，自能不喘，力大气必和也。”王龙溪家为火焚，其往来书牍言之不置。平生讲良知，至此躁气浮动，其所谓良知者，非良知也。吾谓龙溪大抵未能破除迷信，以谓失火殆由神谴，此亦与佛家业报之说相通。在凡夫中无所主，平日自省不切，自勘不明，故未能自信而炫于祸福。若夫中有主而自修密、自知明者，则不迩于神道矣。子疾病，子路请祷，子曰：“丘之祷久矣。”自了自信，坚固炽然，不可摇夺，细人何足测其情哉？来书业重天谴之云，弟以为不须作此说。火能为炎，物理之常，何得有天？何所谓谴？平叔顷在此，并主兄出门教学，闻见较阔，心机较活，寿命较易延长。弟已五年不回家，中心藏之，何日忘之？一兄一弟两姊皆穷病。欲济其厄，不独无力，纵设法解其困，又恐以此害之。乡间得一饱者，几能免于匪祸乎？今之世变，往代所无，不知古人处此，更有何道？怆然独念，亦只有付之无可奈何，知其无可奈何而安之若命，庄生先获我心欤。为吾兄计，若拳拳手足而不忍远离，徒以忧郁厚自伤损，终无补于彼。何若珍重担当道义之身，屏绝家乡烦苦，出门因声气应求而广善以延其生理？若有大心，当知得失取舍，仁者慎勿自误。

毁人不当，于人无干，自形其陋；誉人不当，于人无干，自彰其浅。誉人不当者，复有过不及之殊。彼其实不足，而吾誉之太甚，斯过誉也；彼其实有余，而吾誉之不称，斯又不及之誉也。过与不及，皆君子之所耻，以其识浅不足以衡人故也。孟子自命知言，他是何等识力？伊川辈论人，便往往差误，何况今日凡夫眼孔琐琐如蚊者乎？

与梁任公

秘魔岩倾谈方乐，适为游客所阻，未免败兴。《唯识书》经北大印至四十五叶，顷托宰兄转致，便中省览，幸有以教也。书中谈变义处，宰兄初尝有疑，以为心法可云刹那生灭，色法或不尔。如此见解，正是滞迹，不知色法亦是变化密移，唯有新新，都无故故。力与宰兄议论数番，渠近亦见得此理。不审先生于此有疑否耳？

与陈真如

前嘱看各书，不审实行否？自来担天下大事者，必有浑含之气象，深沉之思虑，广大之规模，整暇之情致。老弟书词尝露褊急浮浅态度，此殆心不自主而为事所牵也。弟本朴实人，才略殊不足，唯当裕之以学。《传》曰“物有本末”，为学有本，发皇志愿，此其本也。志不虚大，愿不虚立，日用云为动静语默之际，须时时有心在。觉得浮，便收拾；觉得躁，便镇摄；觉得有一毫虚伪，便皈诚；觉得有一毫畏葸顾忌，便发强刚毅。心也者，与万物万变相酬酢者也，不于此处加培养，纵有知识技能，亦不济事。愿留心阳明之学，作一番立本工夫，或堪投大遗艰。吴康斋诗曰：“伫看风急天寒夜，谁是当门定脚人？”唯心定而后脚立得定耳。

【赞非案：先生此札似在十三四年间。其后证如先生有与先生论良知书略云：良知之在于人人之心，是断无不知是，非断无不知非。知是知非，既人人之所同，其为周遍显易如此。宜乎人生日用所践履之中无不能顺其良知之本然者，而实乃不尔。盖人恒放失此良知之心而莫或操存，则失其所以易矣。放失者，非谓其遽泯灭也，谓其锢蔽之深而不得发现也。既不得发现，则失其所以显矣。锢蔽者，以人各有其习气，即各有其僻执，如是而人各以其习气或僻执者为心，则千差万别，所谓人心不同如其面，而所同然之良知之心遂致汩没，则失其所以周遍矣。由是乃知良知虽至周遍显易，而其致知之功实天下之至难能至难行也，非有真实切己之志，则不足与言此学云云。先生得此书，谓其把致良知“致”字看得吃紧，甚善。故附存之。】

与或人（凡二札）

《新唯识论》须从头另造，原稿可就者甚少。吾十年来精力尽萃此书，在此欧化时代，唯物思潮汹涌之际，吾所为者，极不合时宜。然掉背孤行，以亢乎往古来今而无所悔，则吾志也。

夫学必博求之而后大，实践之而后深，后生何敢妄自矜持？来函疑余孤寂，尤不相干。八宝庄严，宗庙之美，百官之富，吾既皆备，何孤寂之有哉？若乃宇宙无量，群生异习，咸其自己，不齐故齐，庄义葳蕤，吾所夙契者矣。然旷怀言理，固自尔尔，至诚通物，恒欲云云。斯理之玄，古今圣智莫能自解。尼父欲无言，又曰“吾党小子，莫知所裁”，此何心哉？佛说吾是如语者、实语者、不诳语者，反复自明，唯恐人之不见信，是何心哉？爱我若慈父，教我若严师。晋世清流，用讥儒者，不知此正儒家真切处也。吾病剧矣，性不绝人，来无不谈，能虚能受，驰驱坦途，不受不虚，彼自有以，吾亦任彼。洪河载舟，堂坳载芥，用法眼观，同其有载，何所判于大小哉？吾有事在，夏令不宜吾病，爱我者不来。

与某生（凡二札）

护法《唯识论》近于机械，此说固是。然出于足下之口，则全不相干。凡反对古代大人物之说者，必始也于其人之苦心孤诣与其学说之大纲众目，一一理会清晰，且咀嚼有味，兴高采烈，直与其人之思想合而为一。到此境矣，忽然百尺竿头，顿不满于前之所欣，则此反对为有价值，而亦无负于古人，自己方是真得力、真受用处。此何易言哉？今人粗心浮气，才了人家一二皮毛，便已开口批评，试问自己有何见地？胸中有何生涯？寡浅不若堂坳，且欲荡芥为乐，以测大海泛舟之事，此可哀而不足鄙也。此习不戒，将欲入学，吾未前闻。

足下一向少作真实工夫，故于物情事理犹欠分晓，只落在世俗拘碍与惰散路径去，此吾所为深忧者也。吾昔所期望于子者甚远，不幸今已堕落而无一成。以吾年来函牍提撕，而子之狭陋褊浅如故，毫未有感发兴起，然且以良民自许。良民者，庶民也；庶民者，禽兽也。饥则思食，渴则思饮，血气旺则思排泄，此外无感触，无蕴蓄，故于禽兽无别也。此岂大丈夫所愿为者乎？凡暴弃已甚之人，只有反而自觅其心。诸葛武侯诫外甥书曰："使庶几之志，揭然有所存，恻然有所感。"此非大菩萨不能为此语，非志希大菩萨者不能如实了解此语。此未可以了解文字者了解之也，须灼然发现自己渊深恻隐、包络天地、孕育群物、广大无边、不可思议之心体，乃识得此中理趣。凡夫心灵，一向汩没，昂然七尺之躯，息息与物为构，即是一块硬物质，与许多硬物质相攻取，孟子所以谓之物交物也。若此，乌知所谓"揭然有所存，恻然有所感"者乎？此吾子所以万劫沉沦也。

答汤锡予

细勘佛家神识之义，明是个体轮转，不必为之作圆妙无着之说，以避人攻难。世俗灵魂观念，盖亦与此相近。无论陈义精粗，其为死后犹有物，均也。力尝不契此说，欲主大化流行之义，以功能为万物之统体，而无所谓个人独具之神识。唯人生所造业力，则容暂时不散，此世俗幽灵之事实，所以不尽无耳。

答张俶知（凡二札）

吾向者望人亦太过。望人过者，其失望愈多；失望愈多，则内将无以自堪而外将轻人以至乎绝人，斯人已皆病矣。吾每见人，与之言，刺刺不休。言之无效，又自苦。且多言损气，尝引起身体上之疾病。率是以往，恐遂自损其生，而此道一线之几，更属何人？念此不寒而栗。继自今，唯务澹放天怀，自得而不必私之于己，爱人而勿流于沾滞之情。太和涵摄，人己相得于无形，此道也，吾所未能而勉企也。

吾自儿时多病，尝起怕死之念。三十左右，此念又经一度炽然。大约此念起时，能转一新方向，便可无虞，所谓死中得生也。若此念牵缠而不能放于日新自得之场，其死必矣。吾望共学诸子，时以一种新锐之气，互相感召，将必有开拓无穷之新生命。

答马乾符（凡二札）

与子别后，讯问极稀，胸间总少闲适趣味，无所足告耳。来书每欲屏事以养心，此大不可。心非是孤孤另另独立之一物，事之著见，即心之著见也。屏事而求心可乎？静坐，事也，只任昭昭灵灵之心而静坐，即事即心也；读书，事也，只任昭昭灵灵之心而读书，即事即心也；教课，事也，只任昭昭灵灵之心而教课，即事即心也；吃饭穿衣，事也，只任昭昭灵灵之心而吃饭穿衣，即事即心也。一切仰观俯察，纯任昭昭灵灵之心以通万象之感，是故天下莫非事也，即莫非心也。恶可屏事而求心乎？酷热写此，不能尽意。

来书收到。日常涵养工夫，切忌收敛太紧，总宜时时有活气，坦然直往。不怕有坏念起，只要觉得，便当下斩断，切勿随顺。至于求知之功，不蕲捷获，不厌烦琐，不惮强探，循序无躐等，析理无笼筒，真积力久，不患不忽然贯通也。赞非按：乾符先生，太原人。天资甚高，自励极切，不幸短命死矣。先生深痛惜之。

示张立民

立民昨谈，现在从不知天高地厚傲然自足里，忽然起了一个空虚与恐慌，此中是生死关头，能向上求进便生，否则死。此段话大有意思，中外古今学者，殆无不经过从不知天高地厚傲然自足之中忽起空虚与恐慌，然后向上求进以成就其人格与学问者。唯在空虚与恐慌之阶段，却甚危险，非有大量，即不能向上求进以生，只有陷于空虚恐慌以死。你既感觉到此，便须万分努力，生死之机，自操而已。

凡人若非下愚，中资已上，即各有天才。世间各种学问，其难易标准，唯随学人之天才而定。有某种学问，自一辈人看来若绝非难事者，而却有他方面底大聪明人硬不了解。又有某种学问，在许多人看来以为神秘奇怪，而却有人看得易入。故人之为学，必自审其天才近于何学，不可胡乱干去，亟须留意也。古人有言，士别三日，便当刮目。或曰，一日千里。此皆实话。唯择其天才所近而努力焉，自有此效。汝虽欲治哲学，却未知汝天才近于哲学否？且哲学派别亦复杂，又宜自度天才近于何派。佛学须神解卓特，章太炎谓为贵族之学，可谓知言。世人喜谈佛法，猥以糊涂，托于玄妙，有识所厌也。

凡科学上之大发明家，皆属上智，不消说得。然其理既经发明之后，则凡在中资皆可循其方法，一步一步经实验与推理而逐渐了解，但患不肯用笨工耳。若哲学家所穷究者，其理不离乎事事物物，而实不滞乎事事物物。故非神解卓特，则未有不终其身于肤泛支离的知识中，而无以窥真理之奥也。

与黄存之

凡人当时时有策励振作气象，不可有一毫瞢懂散漫，此在自己留心反省也。健行者，生命之本然。吾人才有一息不上进，便化于物，而瞢懂散漫矣。每日须常有清明意趣，超然神解，直凑单微。有所不能究了，则悬为疑问，随时随地研索。读书必返诸自家经验，有所抉择。如不尔者，虽读万卷书无益也。

答王平叔黄艮庸

平叔怀郁而有疾，时或强力挣扎而不能有恒，激发兴趣则怡悦进趣，操之过急又忽焉伤沮，此大可虑也。艮庸今年来讯，屡表疾痛。以子怀抱清简，未更世务，此行尽目所见，尽耳所闻，皆刺心事，固不能无闷苦也。人间世本来如此，知之而不能无忧，忧之而不可或过。颜之推曰：“杨朱之徒，世谓冷肠；墨翟之流，世谓热腹。肠不可冷，腹不可热，要当以仁义为节制耳。”此言极有理趣。

示郝心亮李敬持

读书必心有所存，然后于古人精意之流于文字者，能触目而起深切之感。或遇指着自己病痛处而恻然伤，怵然惧，惶然羞；或遇触发平日所绝不能窥，抑或略窥而不能深透底道理，忽焉不觉手之舞足之蹈。如此，方是能读书者。汝侪且漫读书，须先理会此心。

与高碉庄

大作看过，其中精透语虽不少，然以云论，则难言也。若不作论文看，尚有可取。倘欲名论，便没意趣。梵天论体，博大深沉，包罗万象。吾土周秦诸子，其文皆论，一本众干，枝叶扶疏，方之梵制，盖无让焉。贾生《过秦》，称名为论，实则当列杂文之侪。自尔已来，作者不兴，鸿论遂绝。韩愈之徒，思理短浅，适比牧竖，杂文薄有气势，妄自惊宠。后来迂儒小生，无知逐臭，更相崇尚，始开古文之宗。单篇鄙制，竞冒论名。吾尝以为中土学术思想，自唐已下，日就堙塞，推求其故，虽不一端，而文体劣陋，实乃最大之因。《语》曰：“工欲善事，必先利器。”文字者，发表学思之利器也。累世之人，相习于油腔滑调之古文，词无容纳，议乏条贯。方其举笔，不必平日夙有问题，实事求是，精以周察，广以总揽，深以达微，率尔吐词，缴绕字句之间足以尸文宗、传后世，夫谁不愿为如此者乎？故古文风行，而晚周六代盛唐学术思想之盛，旷乎其不可闻焉。盛唐儒家无人，而佛家乃如日中天。韩愈辈蚁智羊膻，实始作俑，此罪不可逭也。吾兄志正而好学，宜深维流俗之所以失。学未成熟，有所偶获，随时笔札，勿庸袭名为论，必力戒苟且，而后可几于大人之学矣。酷热甚倦，不能多陈。

示高赞非

汝与某生，年事相悬，不能以同门之故而妄作兄弟称呼也。昔见一后生致函长者，自称以弟，乃曰忘形。不知人伦有礼，忘形而不容泯分。心情无碍，是谓忘形。先后无序，则为泯分。忘形故宇宙太和，泯分即社会混乱。末俗灭礼，不可不知。

昨与伯良、从理谈及交游间称谓之宜，颇关礼数，今以示子。先进后进，相为嬗续，人道所以弗替也。凡有齿长于我，虽不必有盛德可称，而其行己亦无亏辱者，则我宜以先进礼之。纵彼谦光下逮，不以长者自居，而在我切不可有一毫苟且。当呼彼以先生，而自称名焉。如此不亢不卑，分之宜也。今后生无耻，苟遇无名无势者，不顾齿德悬殊，辄以同等称之，此自形其污贱也。魏晋人恣为通脱，交游略无少长分际，然卒甘臣妾于胡虏。

后进守分而不敢犯，先进亦忘分而不敢亢焉。故长者对年少称之以兄，而自称曰弟也。即在姻戚，除舅甥等直接亲属外，自余尊长对卑幼，书函皆可自称弟而呼彼以兄也。长不凌幼，下同而相济，人道之和也。

同志曰朋，同道曰友。古人朋友之义极为严格，所以预在五伦。晚世朋友之交，或不必志与道之同符也，往往因同学同事等关系而情感投契，谊均手足，始终无间，此亦人情之至、人道之乐耳。朋友互相称以兄，礼也。然有初交即序齿，而长者对年少直以弟畜之，则亲极而文杀也。

朋友之义，系于两人相与之际。然推恩好以上礼其亲、下逮其子者，情之隆也，义所予也。然上礼必有辨，友之亲，齿在父行，德又可尊，则以父执视之，称为世伯可也。忽齿德而不亲，则同人道于牛马。齿德二者，若缺其一，则不得用伯父之称，相见以宾礼遇之可也。与友函问，曰尊大人可也，毋自亵也。今人订交，向友问其亲，辄不辨其德，遽称曰老伯，此所恒见也。称之者，爱敬不自中心，受之者又何以自安？市道也，不可行。

凡往来相识而实不必有朋友关系者，只宜泛称彼以先生而自具名焉，似不必遽作兄弟称呼。

示高佩经

读书时，须自见得。吾有解处，却是真解；吾不解处，是真不解。如此方是能读书人。若似解似不解，一任含糊过去，则不治之病也。

与邓子琴宋莘耕张请言

每见青年问学，开口必曰方法，此极可惜。须知学问方法必待学成而后能明其所以。至求学时代，则全仗自家一副精心果力，暗中摸索，方方面面不惮繁难，经历许多层累屈折，如疑惑、设计、集证、决断、会通、类推等等，其间所历困难与错误，正不知几许，穷年屹屹，而后有成。一旦豁然，回思经历，方自见有其所循之方法可举以告人者。然亦略举大端而已，至其甘苦隐微，终不能揭示于人，庄子斫轮之说是也。今日后生开口便问方法，至于自家是否具有真实心力，则一向怠慢，不会反省。譬如懦夫，自无能行之力，空访路途，其能举步否耶？吾每遇人询吾学方法，皆默然不答。彼昧吾旨，转相诮讪，吾亦任之。世间妄人，可教诫耶？又在京时曾与诸君谈及读书，冗忙，苦未尽意，今且重申。凡读书者，须有主观方面之采获，有客观方面之探求。先言主观。读书胸中预有模范，如作屋者，栋梁未建，基局已定，是谓模范。有计画，则任读何书，随在有足供吾之触类而融通者。若无模范，无计画，而茫焉读古今人书，读一书即死守一书之文义，读两书即死守两书之文义，是谓书蠹，何关学问？次论客观。某一学派之大著，必自有其独到之精神，必自有其独立之系统。读者既有其主观之采获，遂谓得彼之真，窥彼之全也，如是必以主蔽客也。故必屏除一己所触类融通者，而对彼之宏纲众目为纯客观之探求，方见吾与彼之异及吾与彼并其他诸家之异。益征理道无穷，宇宙无量，而免于混乱或管窥之诮矣。读书不即是学问，而学问必有待于读书，此意自是二三子所知，愿各努力而已。吾来杭，忽忽二十余日，每夜分十二时大咳不已，略无佳趣，此病不知何日得转机也？

与侄非武

非武：汝尚在做梦乎？不看新旧书，不作日记，汝知识全无，长成一副小流氓样子，汝将来何以立身？何以吃饭？吾教汝课外暂将《曾文正公集》《资治通鉴》各买一套，苦心攻读，请云谷讲。于此二书，通其文字，解其义理，则于持身涉世之常经，审事察变之弘轨，皆可以资兴发矣。现在之世事，根据过去之世事演变得来，不能鉴古，何足知今？凡古代大人物之精神流露于其著作中，后人读古书而默会古代大人物之精神，则于不知不觉之间感怀兴起，力求向上，不甘暴弃，而以与小人或禽兽为伍者为最痛心事。使心胸开拓，魄力伟大，日用间，事事是精心毅力流行，则已上追古代伟大人物而与之为一矣。吾最恨汝好修饰，柔弱委靡，成女人模样。吾见汝面，则痛不能言。汝在云谷处，读书不懂，尽可请问，云谷断不至厌烦，断不至疏外。书中典故，云谷纵有不了处，而典故所表示之意义，云谷自可按索上下文而得之。无论如何，云谷总足以教汝，汝当虚心请教，谨守规矩。我家几世治学守礼，若至汝而坠，真伤心事也。吾思汝父一生行善，将何以报之乎？吾兄弟六人，汝父居长，六爷早逝，五爷又已逝且十年。汝亲兄弟六七人，汝兄居长，未读书。自汝而下，大者十岁八岁，小者二三岁，目前穷困已极，衣食为难，皆有不能读书之势。吾又病夫，精力短促，念先人之遗芳，睹子侄之零落，吾心戚戚有余痛也。吾先文学府君，孤寒励学，讲程朱学于举世陷溺八股之代，以作绅士行敲诈为子弟及生徒戒，至今乡人诵其风范。吾平生恭守先训，幸未有大辱也。吾长兄仲甫处士，初治宋学，继读《金刚经》而好焉，即戒肉食，体弱不堪素食，憔悴以死。此真难行之事，吾愧吾兄也。吾仲兄及诸弟皆以贫故不能学，仲兄深达物情，四弟天资较钝，五弟六弟皆有大聪明，发言卓特，惜以贫苦早丧。盖尝严冬衣被不完，体力受创，故死之速也。吾年来若稍服暖衣，则默念亡弟，中心饮泣，不敢告人。汝习奢侈，不了吾心之痛，何其丧心若是哉！汝年亦二十零耳，已往之失不足校，及今改行，足成完人。吾年十六七，便以革命从戎，狂野不学。三十左右，因奔走西南，念党人竞权争利，革命终无善果，又目击万里朱殷，时或独自登高，苍茫望天，泪盈盈雨下，以为祸乱起于众昏无知，欲专力于学术，导人群以正见，自是不作革命行动，而虚心探中印两方之学。自恨前此一无所知，至遇人不敢仰首伸眉，其衷怀之怆痛甚深也。余信学问之事不由天启，不由人授，唯自心之诚发不容已，将夙昔习染痛切荡除，而胸无滞碍，则天地万物之理自尔贯通而不知其所以。古人所谓至诚所感，金石为开，至此始信其非妄语也。汝其念哉！及今愤发，其成就可限量哉！但患汝不发真心耳。吾所欲为汝说者，万千心事，但恐汝难了解；又病体未健，不能多写，姑止于此。《传》曰："我欲托之空言，不如见之行事也。"故上述先德，下道吾之历练，冀汝有所感焉。人之异于物者，以其能感也，汝而不感，则草木禽兽矣。余复何言？亦已焉哉。

与文德扬

入院已来，觉得如何？汝好用思，病困亟须减省。学问成否，姑置度外。天下道理无穷，尽古今哲人所知者而通计之，亦不过尔尔。学者唯本其平平淡淡、落落实实之心，而尽力所及，不迫不倦以求知，切勿慕学问家之名。人之所以自尊自乐者，唯其在己有实得于心者而已。

与邓子琴

昨台城之游，子琴问吾不令赞非治哲学之故。适吾病困，不耐说话。念此意不可终秘，聊裁数行，以酬前问。吾尝言，哲学思想，夫人而有之也，不待学也。哲学，则不必夫人而能之也。学之不善，不唯自害，亦社会上之臭秽物也。人生而有知，非草木之顽然，非土石之块然，即其对于宇宙人生，莫不有相当之解释，而隐然自视其生活为有价值、有意义。七八龄之牧童，登高而发其天籁，静心聆之，则哲学思想于是乎在，而且比学人所推度者为纯实而无妄。故曰哲学思想夫人而有之也，不待学也。至若条达综贯其思想以为哲学，此则天才睿智之事，必其仰观俯察、近取远观之余，知显而不昧于隐，索隐亦必据夫显，析微而不暗乎大，穷大亦必尽其微，迹迩而以推之远，致远要不泥乎迩。极天下之至有而荡其执，有而无也；无者，无迷执也。会天下之至变而贞于一，变亦常也。体神化不测之妙于日用践履之中，无所袭于古今，无所异于庸众，而自巍然为宇宙真理之担负者，如是则可谓能治哲学者已。今世学子，徒终日搜求中外哲学书籍而攻读焉，辨析其文字，推明其论证，空袭糟粕，都无精英，治哲学愈久，闻见愈驳杂，思想愈糊涂。此辈胸罗杂乱知识，生活上既无根据，又不能练习世事以济时用，故此类哲学家，实社会上之秽臭物也。今者禽兽横行，民无死所，稍有人心，仰视天，俯视地，何以为怀？与其驰逞于杂乱知识之中而无当于哲学，何不朴实头地求一材一艺之长，期效用于社会？赞非者，为当世之哲学家自无不足，而吾不忍其为此。子琴若得吾不忍之心焉，则亦慎择所学也夫。

与胡炯

为人之道，志必欲高，而脚必欲低，两者不可任失其一。志欲高者，不昵于世间荣华，而尝存乎远大，不为物引，不为境移，超然万物之表。脚欲低者，审才智之所堪，得自处之善道，尽性安分，循实而行。唯有超然之志，故无出位之思焉。

答或人

名物度数，固亦有赖于考据之学。至于玄览而妙物为言，不限于一部分之事理故。深造而归于自得，则其学必有在于考据之外者。先生又举陈兰父调和汉宋，则与力意殊不必合。兰父虽洁行，通声律，要自于思想界无能为役。若简竹居先生者，力固钦其高谊，惜未见其书。

与余越园（凡二札）

来教敬悉。尊书《龙游县志》。创见极多，而物价表尤为可贵。任公序称卓识有过实斋章氏，无溢美也。然弟犹思略贡刍荛，则以为县志之作，宜于地方政治制度有专篇为系统之论列，称之为政制考。如乡镇区市各有长，由民间公选，禀请县官札委，其行政组织，厘然不紊；又时因公共利害，有绅耆会议之举，更有许多不成文之公共规约，并当详访而著之此篇，为言自治者鉴观焉。愚者千虑，或有一得，愿兄俯察。比得来书，仓卒写报，未能尽意。

政制考名称不甚妥，弟亦有此感想。唯典制二字，复有未能包举者。定名之不易也如是夫。近欲改名治法考，未知尊意云何？如犹不可，须再熟思也。且县志所当注意者，不独地方行政组织及各种会议并一切公共规约而已。如人民对于贪官污吏及政府苛税，用暴力抵抗或采和平办法以相拒绝者。各县时有其事，修志者务须博采详征，纪载其事之本末。又如时平则有豪强兼并之酷，如侵占田地及放债苛息等等。世衰则有流民暴乱之惨，亦不可不分别调查详确，悉心记注。凡此都须各为作考，但名称尚待酌。使留心经济问题者得以览焉。其他或更有当措意者，仓卒不能细也。

与某院长

迳启者：黄梅、宛君、思演，年十五六，补博士弟子员。始游江汉，颇治船山、梨洲诸大儒书。又窥世变，苦思焦虑，密图改革。辛亥已前，曾在汉口规设《商务》《大江》诸报，灌输革命思潮，鄂军兵士，人手一纸，受影响至深。故武昌首义，易于反掌。至今峙立旧督署前之纪念丰碑起义烈士刘尧澄，及前驻汉军政分府詹大悲，并该报主笔，自余有功之人，鲜不与该报有关系者。而荡尽家产，以创办《商务》《大江》诸报之宛思演，竟始终不为世所知。元二之交，袁世凯叛形未著，举世且为所欺。思演与张芸天樾等，早识朱温，乃就汉口规设《震旦民报》，持谠论，昌正气，大揭袁逆阴私，并力攻附逆之黎元洪。张方遇害一案，世凯除异己，为盗国计，迹已著矣。天下方瞶然莫之抗，独《震旦报》声其罪。黎元洪以是封闭《震旦》，芸天愤郁下世，思演遂潜迹田里，绝足城市，忽忽将二十年矣。家资既尽，妻子穷饿，甘之如饴。最近世变愈剧，黄梅地方糜烂，士人不堪立足，思演益无生理。在思演诚能安命，而社会待遇仁贤，要自不宜冷酷。窃谓湖北省立图书馆尽可添设指导员一名，备阅览者之询问，月薪定为二百元，聘请思演充任。思演坚苦卓绝，其身长隐，其名长晦，求之前世，盖介之推陈仲子之伦。图书馆本学人聚集之所，思演常在其间，可为士林矜式，其所补益甚大。为此函请台端函属湖北教育厅长将此议提出省政府，为省立图书馆增加此项薪俸。唯他人不得援例加入，以杜浮滥之弊。事属养贤，义关讽俗，敢渎高明，尚希垂察。

与韩佯生（凡二札）

吾子自离北庠，一意田居，绝无向外驰逐念头，此正为学有得力处，堪励末俗，何慰如之？今日青年都不耐处乡间，纷纷出门图禄利，乃大可虑耳。吾连年病苦，顷来杭州，暂寓西湖香山洞，亦无客中飘泊之感，不足劳念。

峰头夕照，松涛怒号，此境奇绝，使人乐而不能言其乐也。吾子山居，想常得此佳趣。

答友人

所举时人移述唯物思想之小册子，暇时当购阅。弟固喜留心反对方面之议论者。大抵学问家各欲完成其系统，则不能不偏。而宏通者，则尝留心偏见之减除，而于自家系统之中，势又不能泛滥，则唯有慎重立言之分际，常留余地以处人，此其所以为通也。小智者则务在某种学问底系统之下拾其肤表，而持之以武断一切，此正今日俗子之蔽。弟之《新唯识论》，虽从印土嬗变出来，而思想根柢实乃源于《大易》，旁及柱下漆园，下迄宋明巨子，亦皆有所融摄，囊括万有，要归于认识本心。而此所谓心，固与西洋唯心论者之心截然不为同物。此意未可以简单言之也，更难为不知者道也。此学不能向禽兽讲，亦难为一般人讲，唯中材而能有志者乃可期之共学耳。吾有生，而固有所以生之理，此理在日用间流行不息，即所谓主乎身而不为形役之本心。昧于此者，则失其所以为人。贤兄长此纷扰于世俗知识之中，于本原处更没理会，此大可惧耳。弟近数年来，对于佛家思想追求益切，故于其根本主张即所谓轮回问题者，深心参究，不肯放松。盖于此没理会而徒笼统谈些玄理，佛学家者大抵如此。抑或于法相唯识之统系与条贯，及夫一名一义之微，无不条达综明，要皆是在文字言说中头出头没而已。谓已参透真理而约之于己，则谁欺乎？其欺天乎？前语蒙君文通云：轮回问题不可看轻，当知轮回虽就染识而言，要其断染而得净识，仍是不断。佛家固无有对于个人之生命而持断见者，否则何所事于修证乎？不修证而染识的个体生命尚存，修证而染识断，更无所有，则彼亦何取于是乎？明乎此，则知佛家始终主张有迥脱形骸底个体生命。是故本此以言实体，则实体不是一元的，而是交遍的。《金刚经》说，非一合相。本此以言人生趋向，则是倾于寂灭，易言之，即是非人生的。彼所谓十地菩萨，便已不是人底生活，何况成佛？此义须另详。此略举大义而言也，要其全盘思理，皆从其根本主张而出发。所以我对于那个根本主张，特别苦心参究，而最终之结果，则仍表同情于儒家底人本主义，以此为大中至正而无贤智之过焉。此年来心事所略可言者，残病中运思不能细，笔语不足达意，唯兄察之。

又顽躯表面并无病容，唯脑部及背脊仍感空虚，迄未恢复。中医切脉，皆云命脉若有若无，以为难久。唯左手脉尚好。然弟一切不计，且清心宽养，好自振作，看后效何如。若寿命果得延长，则信乎心理的势力可以起生理的废坠也。立民案：此一首系先生最近答友人者，乃于印刷中加入之。十九年夏记。